如何在歷史中存活

HOW TO SURVIVE HISTORY

How to Outrun a Tyrannosaurus, Escape Pompeii, Get Off the Titanic, and Survive the Rest of History's Deadliest Catastrophes

柯迪・卡西迪 Cody Cassidy 著

王惟芬 譯

獻給我的母親與父親

CONTENTS

前言

幾年前，我讀到一篇古生物學家團隊寫的研究報告，當中提到人若是遇到地球生命史上最強大的掠食者，似乎有機會跑贏牠。

我覺得這事很不可思議。

我一直以為，我們這個物種的跑步能力平庸，跟所有用腳來運動的動物相比，即使用上最快的速度，人類也遠遠跑不過絕大多數的掠食動物，更不用說那些最兇猛、最殘暴的了。但目前出現的證據相當具有說服力，就數據來看，我可以跑得比強大的霸王龍（Tyrannosaurus rex）還要快。古生物學家為這隻巨大蜥蜴做了一系列的測量，將牠的體型、肌肉組織、平衡性、骨骼強度和步距輸入到艱深的公式中（這些原本是為了設計船體而開發的），巧妙地估算出霸王龍的奔跑速度，結果相當驚人，看來就連我都可以達到牠們的最高速度。

顯然，我必須去做個實驗。

我走到外面，跑了一段還算合理的距離，同時還給自己計時——但我未能達到那個速度[1]，就差一點點。不過要是背後真的有霸王龍在追我，我必定會再加把勁，若把這項動機也考慮進來，我認為自己是有機會逃生的，這是一個合理推論。在我進一步查證探究後，我對自己成功逃出霸王龍魔掌的信心更是大增。我研究了獵物型動物在遇到掠食者時採取的逃生策略，發現確實奏效，並能幫助運動能力傑出的動物，逃離那些速度比牠們快的掠食者。如果在大難臨頭時我也效法牠們，估計能夠在這場攸關生死的追逐中勝出。就數據來看，我的確可以逃過地球生命史上最厲害的掠食動物，並存活下來。

沒想到我竟然可以透過最新研究，來推估自己回到白堊紀[2]晚期時的狀況，假想自己穿越時空，在一個下午遇上一隻飢腸轆轆的霸王龍的場面，還得知原來我有可能在牠的緊追不捨下，逃過一劫，這讓我感到很驚奇，也帶給我更多的問題。若以後見之明和現代科學當作指引，能否讓一個時空旅人穿越到過去時，度過種種考驗與災難，歷劫歸來？比方說，前去造訪龐貝古城時逃過維蘇威火山的爆發？或是不慎買到一張「鐵達尼號」的三等艙船票後，想盡辦法在沉船時順利逃生？以及能否在黑死病大流行時活下來？還有逃離史上最強大的龍捲風？甚至是跟著麥哲倫一起展開驚險的環球航行？又或是前往埃及參與古夫金字塔的建造工程，並加入拖行巨石的行列？

一個人要如何在這些史上浩劫、災難和冒險中求生呢？在探究與查證的過程中，我發現自己對這些事件的認識變得更透徹，遠勝閱讀一般的歷史。專注在時間而不是時代，讓我覺得自己與古代歷史之間的距離，大幅縮小到只剩被一隻霸王龍追逐的距離；又或者是，在哥德軍湧入羅馬城時，或一九〇六年舊金山半島發生大地震時，若將關注焦點放在一個人親臨現場時的經歷，推敲旅人在逃生時要向右轉還是向左轉的每個決定，在面臨戰鬥、躲避或是要逃跑的抉擇時刻，不僅讓這些古老事件變得栩栩如生，讓人產生更強烈的感受，同時也展現出這些影響深遠的歷史事件裡，經常被人忽略的實體訊息。

這些提問與探究的最終成果，就是這本《如何在歷史中存活》（*How to Survive History*），本書可說是一本實用的時空旅遊手冊，提供具體又詳細的資

1 原註：如果你想看看自己是否也能跑得比暴龍快，請參閱第22頁的公式說明。

2 編註：Cretaceous，地質年代中生代的最後一個紀，時長將近八千萬年，是顯生宙的最長一個階段。白堊紀因歐洲西部該年代的地層主要為白堊沉積而得名。白堊紀位於侏羅紀和古近紀之間，約一億四千五百五十萬年前（誤差值為四百萬年）至六千五百五十萬年前（誤差值為三十萬年），發生在白堊紀末的滅絕事件，是中生代與新生代的分界。

訊，幫助你躲過這顆星球上發生的各種大災難，並完成最刺激的冒險。書中提供的實用指南，能讓你在面對這些災難時獲得溫飽、取得庇護。我搜集並研究了各種資料，絞盡腦汁，想出在每場時空旅程中最可能活下來的辦法。我翻閱了倖存者的日記、研究整起事故，甚至還去查閱過驗屍報告；我翻出了舊地圖，若是找不到地圖，我就自己繪製，如有必要，我還會在書中附上這些圖來幫助讀者理解。我也訪問了世界各地的一流專家，請教他們身歷其境時，會如何在這些災難中應對自處？我在書中會列出他們的回答，比較他們的分歧，並解釋他們這麼做的理由。

歷史的時空細節注定是模糊的，由於無法得知確切的條件，因此除了那些必要的推測外，我不會擅自發想或推論。以龐貝火山為例，我們無法知道爆發期間每顆熔岩炸彈噴出的時間和路徑，因此我推薦的路徑，有可能直接將你送往一大塊冒煙岩石落下的地方。我只能告訴你最不可能被落石砸到的路徑，換句話說，這本指南並不能保證你絕對能夠歷劫歸來。

這份指南不是虛構或幻想的作品（當然，除了帶讀者前進到歷史現場的時空旅行之外）。文本仍然忠於歷史紀錄中實際發生的事件。我沒有虛構任何事件，也沒有憑空編造危險的場面。我沒有迴避令人不安的事實，也不會輕忽任何威脅。

然而，我確實做了一些假設。我假設你就像任何一位優秀的旅人，會事先做好功課，熟悉當地的語言、習俗和服裝。在人類的歷史中，仇外或排外心理（Xenophobia，或譯作恐外症）是根深柢固的，這是因為對外地人或陌生人的恐懼或不滿，而產生的排斥心理。在許多這樣的地方、時代和文化中，若是能採用同化（assimilation）策略，或是展現出你的禮貌，不僅很有幫助，可能還會保住一命。

我還假設你已接種最新疫苗。現在看似麻煩且不合時宜的百日咳疫苗，在過去的很多時代和地方是派得上用場的，要是你沒接種，恐怕在這些回到過去的旅程中會病得很慘。

最後，為了避免贅言冗長，我略過了幾乎在回到過去時一定會遇到的危險。比方說，千萬不要喝水；一定要假設，你遇到的醫師基本上沒什麼醫術可言；遇到陌生人時請切記，在歷史上，人際暴力的發生率接近戰區程度。

簡而言之，應該將本書視為一種正經而嚴謹的嘗試，旨在利用後見之明和現代科學的優勢，來引導旅人安全度過地球史上的種種重大災難和冒險。這是為那些想要親臨現場現代時空旅人，想目睹史上那些充滿戲劇張力事件的人而寫的，希望他們在經歷種種威脅和危險之後，都可以歷劫歸來。

祝你好運！

如何在恐龍時代求生？
RUN——

假設你想重返遠古時代，去看看地球史上最強大的掠食動物，如何襲擊體型最大動物的場面。你想去看那些體重高達八十噸（約七、八萬公斤）的爬蟲類，這些肉食性動物的下顎十分有力，足以粉碎汽車，身高則跟今日的長頸鹿差不多。

於是你穿越時空，回到七千萬年前的中生代，也就是所謂的恐龍時代（Dinosaur Age）。那時的氣候十分溫暖，會讓你覺得悶熱，全身黏黏的，就像進到路易斯安納州的沼澤地，而這樣的濕熱氣候一路北上延伸到蒙大拿州。你會發現過去的地理環境和今日不同：洛磯山脈和內華達山脈尚未隆起，美國中西部還覆蓋在海平面下，可說是名副其實的印度島。

在這個時代，草才剛剛演化出來，所以大地上只會看到稀疏零星的幾叢雜草，還沒有草地出現，土地上只生長著蕨類、榕屬、無花果、蘇鐵和銀杏，還有一些大樹和茂密的森林。當然，你也會看到大名鼎鼎的霸王龍（Tyrannosaurus rex）。

不幸的是，牠也會看到你。

你可能認為要逃過一劫的唯一機會是躲起來、保持不動、裝死，或是在地上匍匐爬行。不過，令人驚訝的是（實際上該說是震驚），最新證據顯示你或許會跑贏牠，逃過這隻曾是行走在地表上最強大的掠食者的獵捕。

但前提是，你得知道如何利用自己最大的優勢：你的體型。

著名演化生物學家哈丁（J. B. S. Haldane）曾指出，如果一隻小老鼠掉進了約三百公尺深的礦井，牠可能有辦法爬出來，抖掉身上的灰塵，匆匆離開，甚至可能沒多久又重蹈覆轍，再次掉回井裡。然而，若是一隻大鼠從同樣的高度掉下來，那牠必死無疑。哈丁寫道，要是換作一匹馬掉下去，恐怕會摔個粉身碎骨，身體就像四濺的水花那樣，而人類則會斷成好幾截。

哈丁在他這篇一九二六年的〈論生物之合適大小〉（On Being the Right Size）一文中並沒有提到霸王龍，沒有推論一隻九噸（約九千公斤）重的巨獸掉入礦井會有怎樣的下場。這隻巨型的掠食動物，將會以時速兩百七十七公里的速度衝下井，以一百二十噸的力量撞擊地面，所以比較適合形容這個場面的詞彙可能是……破碎？解體？爆裂？還是噴發？

這裡的重點當然不是要選哪個字眼來描述霸王龍慘死的畫面，哈丁不是平白無故進行這場駭人的思想實驗，他是想要說明，動物和重力的關係會因其體型大小而產生截然不同的結果。這種關係，以及小鼠和大鼠的不同命運，都可由「平方立方定律」（square-cube law）來解釋。這條定律描述的是一個簡單的事實：隨著物體的膨脹，體積是以立方（三次方）的倍率來增加，但表面積僅是平方（二次方）。

由於動物在墜落時，表面積會增加空氣阻力，而質量則會決定落地瞬間的衝擊力，因此動物墜落時可能會出現各種場面，有的是有驚無險，有的是下場悲慘，有的則是弄得血肉模糊，這完全取決於牠們體型的微小差異。這個概念說來可能很簡單，但是因為一個數字的立方比其平方增加的快很多，所以很難直覺地推論出，體型大小的些微差異到底會產生多大的效應。這在思考那些曾在地球上行走過的最大陸生動物來說尤其困難，特別是在你必須跑贏牠們的時候。

當霸王龍注意到你時，你可能會看到牠長長的腿部和強大的肌肉，並且認為應該要找個地方先躲起來——千萬別這麼做！你的體型其實會給你帶來一種不成比例的優勢。前面提到，若是霸王龍摔下礦井，勢必會在井底摔個粉碎，這正好說明了，在面對這隻巨型蜥蜴追捕時要考量的關鍵因素。事實上，在你逃命的過程中，牠那令人望之生畏的龐然身軀，反而成了你脫逃的最大助力。

成年的霸王龍體型龐大，力量也大得不可思議。牠那幾排牙齒，可以咬穿三角龍的骨頭；牠的下巴，還可以將人類大小的肉塊往上拋個四、五公尺；牠的身高和長頸鹿一樣高，但體重卻跟大象一樣，約有八千多公斤。奧克拉荷馬州大學專精恐龍生物力學的生物學家艾力克・斯尼夫利（Eric Snively）表示：「就比例來說，霸王龍用於運動的肌肉幾乎比任何一種動物都來得多。」然而，要是你真的遇到一隻霸王龍，只要小心一點即可，因為霸王龍不太會跑。

二〇〇二年，《自然》（*Nature*）雜誌上刊登了一篇以約翰・哈欽森（John R. Hutchinson）為首的研究團隊小組的論文〈霸王龍不擅跑步〉，於是我去請教他：「若是霸王龍參加跑步比賽，會跑得如何？」他說：「根據我們的預測，頂多就是短距離慢跑，這大概就是牠的極限，而且起跑速度不是很快。」

長腿的霸王龍，儘管腿的力道超強，但行動緩慢，基於同樣的數學原理，若是牠掉落礦井，也會摔個粉身碎骨，身體爆裂開來。骨骼強度就跟表面積一樣，在體積呈立方增長時，僅是以平方關係增加。因此，隨著體型的增大，動物需要更多的肌肉和腿骨來支撐牠的站立、移動和奔跑。在體型超過某個大小後，身體的組成架構就變得不適合跑步，這就是為什麼童話故事中的巨人和金剛不會出現在現實世界裡。儘管肌肉發達，但霸王龍的腿骨所能承受的壓力只到快走而已，一旦超過這個速度就會碎裂。從牠的體重、肌肉和骨骼來看，斯尼夫利推算，成年霸王龍的移動速度不可能超過時速二十公里。儘管時速二十公里的速度接近普通人類跑步的最高速度，但具體速度還是取決於每個人的身體條件，這相當於一百公尺跑二十秒，再加上霸王龍加速過程緩慢，這無異為一般人帶來絕佳的逃跑機會，能夠以衝刺快跑來智取這隻笨重的掠食者。[3]

當然，在中生代[4]，你要留意的可不是只有霸王龍而已。還有其他許多大大小小的肉食性恐龍可能也會對你很感興趣，想把你當成零食吃。在面對牠們時也是同樣的狀況，你最後能否跑過牠們，取決於牠們的體重。

二〇一七年，德國綜合生物多樣性研究中心（Centre for Intergrative Biodiversity Research）專門研究動物運動的生物學家米利安．希爾特（Myriam Hirt）提出一個簡單的問題：是否存有一種最佳體型可達到的最高速度？她發現答案驚人地簡單：確實有這樣的體型關係存在。她繪製出地球上每種奔跑、游泳和飛行動物的體重和速度關係，她發現無論運動方式如何，體型和速度都依循一拋物線關係：最小和最大的動物都是最慢的。她對此的結論是：要是你想設計出一種行動速度快的動物，那麼體重應該在兩百磅（約九十一公斤）左右。若是游泳的話，要再重一點，若是飛行的話，則要再輕一些。

希爾特的發現不僅提醒我們，回到白堊紀時，最應該擔心的是中型恐龍，還有一點，那就是在遇到那些體型最大的恐龍時你根本不需要害怕，這也許更為重要。無論牠的力氣有多大，或是體型多魁梧，這些大型恐龍是跑不贏一般身體條件良好的人類。希爾特告訴我，這主要由力量、加速度，以及提供能量的新陳代謝這三者間的交互作用所決定的。

動物的最高速度取決於兩項因素：第一個是牠的總肌力，這與牠的體重成正比；第二項則是牠加速的能力，這與體重沒有比例關係。加速靠的是肌肉的無氧運動，這時使用的是儲存在體內的ATP[5]，這可說是身體的燃料，會提

3 原註：誠然，有些理論推測霸王龍可能是成群結隊地捕食，那你要脫身逃跑就沒有這樣容易。所幸，就目前最好的證據來看，儘管牠們可能跟鱷魚一樣是成群來捕獵，不過牠們並沒有像狼群那樣出現分工協調的追捕行為。

4 譯註：Mesozoic era，中生代包含三疊紀、侏羅紀和白堊紀三個地質年代，約是在二億五千萬年前到六千六百萬年前這段時期。

5 原註：英文全名為 Adenosine triphosphate，中文為三磷酸腺苷，是提供細胞運作的能量。

供快速收縮的動力。這些所謂的快縮肌會產生加速度所需的強力快速收縮，但ＡＴＰ的量是有限的，很快就會耗盡，而其儲量是由身體的新陳代謝率來決定。

基於目前尚未完全理解的原因，動物的能量產生，也就是新陳代謝會隨著其體重增加而成比例地減少（更準確地說，是以 0.75 次方的關係在減少）[6]，這種減少關係會讓體型較大的動物比體型小的動物更節能。就拿人類與老鼠來說，若是我們的代謝率和老鼠一樣，我們每天就必須吃下大約二十五磅（約十一點三公斤）的食物。好在體型大的動物代謝效率較高，不用吃下這麼多，但具有這種高效率也是要付出代價的，這會讓大型動物能夠儲存的能量相應減少，也就是沒有太多用於加速的ＡＴＰ。

希爾特寫了一個表示力量和加速度平衡關係的簡單公式，可以僅根據動物的體重來預測其運動速度。

由於新陳代謝和體重的限制，我們不必擔心那些體重超過六千磅（約兩千七百二十公斤）的恐龍的威脅，牠們不大容易捕食到我們。無論是在今天，還是在歷史上的任何一刻，一個年輕、健康的人類都可以輕鬆跑贏這種體型或更大的動物。

不幸的是，還有許多輕量級的掠食性動物在那裡垂涎著我們。希爾特的發現顯示出最大恐龍的速度限制，不過在這個上限的下方，體型並不是決定動物速度的唯一因素。自然界顯然是有奔跑速度截然不同、但體重相近的物種，好比說人類和獵豹，這時就要看牠們的身體設計。所以在你繫好跑鞋之前，得知道對手的確切速度，需要確定自己沒有將生命押注在爬蟲類中的跑者上。

不過，科學家究竟是如何判斷出，那些滅絕物種確切的運動速度？畢竟目前就只有牠們的骨頭和一些腳印的生痕化石留下來。

這要先感謝英國動物學家羅伯特．亞歷山大（Robert Alexander），他在一九七六年時做了一項非凡的觀察，他發現從雪貂到犀牛的每種動物都是以「相似動態」的步態在奔跑。動態相似性（dynamically similar）是一工程術語，意思是僅需改變兩物體的大小，便可得到相同的運動狀態，這就像是不同尺寸的擺動鐘擺。亞歷山大的這項發現，讓古生物學家能夠根據臀高和步距，來估算恐龍的奔跑速度，就像我們可以由鐘擺的擺長和擺動角度，來計算它的擺動頻

6 原註：這是所謂的克萊伯定律，是一九三〇年代初由克萊伯（Max Kleiber）發現的，他觀察到大多數動物的新陳代謝率與動物體重的3／4次方成正比。

率一樣。

但是哈欽森告訴我，可惜這個公式相當粗略，會出現重大誤差。例如，亞歷山大的公式估算出重達三噸（兩千七百公斤）的肉食性艾伯塔龍（Albertosaurus）的奔跑速度為時速三十五公里。以這個速度來看，還是有逃跑的機會。但牠也可能跑得更快，達到獵豹的速度。要是遇到這種情況……你只能自求多福。

二〇二〇年，古生物學家亞歷山大．德切基（Alexander Dececchi）把希爾特和亞歷山大的公式結合起來，套用在近代考古發現的恐龍化石上，估計出七十一種不同恐龍的速度。由於中等體型、速度快的危險肉食動物太多，在這裡無法完整介紹，我們只能舉出幾個物種當例子。若是你遇到的恐龍體型與下圖所示的恐龍尺寸相似，那麼牠們的運動表現應當相去不遠。

請注意，你當然也要根據自己的跑步速度來判斷是否能跑贏恐龍。我使用的是一個簡單的公式來判斷我自己的速度[7]，計算後我發現，我的衝刺速度是在時速二十四公里左右。我建議你也可以計算一下，或是參考下面列出的人類跑步速度的粗略整理：百米短跑金牌的時速在競賽時，可以跑到時速四十三公里，一名優秀的高中短跑運動員可以達到時速三十五公里，像我這樣的普通人再加上想要死裡逃生的動力時，時速可以達到二十四公里，若是輕鬆慢跑則為時速十一公里左右。

除非你是可望奪金的賽跑選手，或至少是一名快速的短跑愛好者，否則這些恐龍，無論是哪一種，運動能力都超過你。儘管如此，要是真的遇到攻擊，也不能說毫無逃生的機會。研究人員在觀察獵豹和黑斑羚，以及獅子和斑馬這類獵捕追逐時發現，像人類這類獵物其實具有一些顯著的優勢。

在倫敦大學皇家獸醫學院擔任教授的艾倫・威爾森（Alan Wilson）主要研究是運動生物力學（locomotor biomechanics），他在這些掠食者及其獵物身上都安裝了加速感測器，以計算牠們的準確速度、敏捷性和跑步策略，最後得到的結果相當撫慰人心。他的測量顯示，獵豹的時速至少能到八十五公里，而牠的獵物黑斑羚最多只能跑出六十四公里的成績。同樣地，獅子的時速能到

7 原註：如果你手邊沒有簡單的電算機或應用程式，請使用下面這個公式來估算自己的速度：分別去跑六十公尺和一百公尺短跑，並且計時這兩次的時間。然後拿這兩者的差值去除四十，也就是將四十公尺除以一個時間差（你跑百米的時間減去跑六十米的時間），就可得到你的最高速度（公尺／秒）。

馳龍科（又名猛龍隊）／警戒層級：低

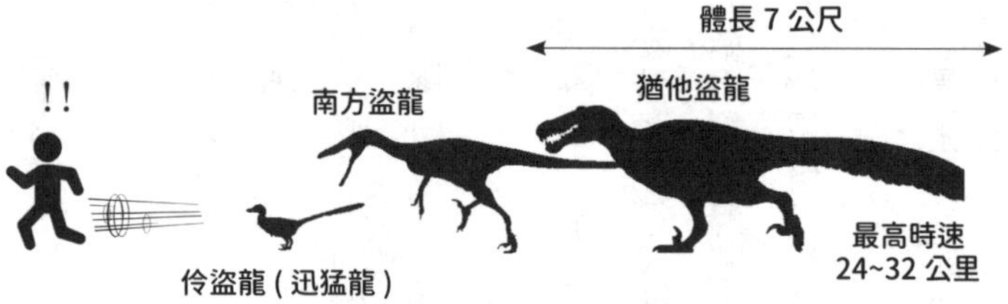

阿爾伯塔龍屬／警戒層級：中

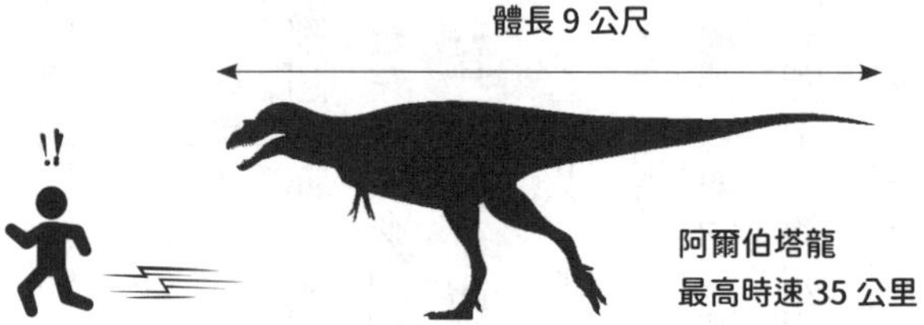

三角洲龍屬／警戒層級：高

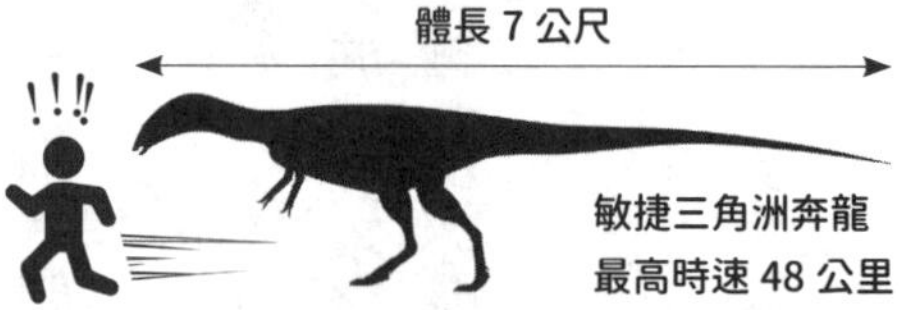

＊圖像按比例縮放

七十四公里，但斑馬只能跑出四十九公里。儘管跑不過掠食者，黑斑羚和斑馬成功逃脫追捕的機會卻高達三分之二，而且儘管獅子跑得比黑斑羚稍快一些，但牠甚至不會在空曠的地方去追捕一隻羚羊。

威爾森的這些發現意味著，在後頭追你的恐龍應該無法追上你，除非牠的速度要比你快很多。

不過前提是你要知道如何跑步。如果只是一味想要以最快的速度來逃離這些爬蟲類巨獸，那麼你在中生代的唯一退場機制就是變成糞化石[8]。要成功逃脫運動能力遠超過你的獵食者必須要跑得有技巧，你必須使用一些策略，最重要的是，你的逃跑路徑必須要難以預測。

威爾森在以加速度感測器測量逃離獵豹的黑斑羚時，他發現，儘管牠們的跑步速度能夠達到時速六十四公里，但在這場逃命賽跑中，牠們的速度幾乎從未超過五十公里。這結果頗為令人訝異，他在研究報告的結論中對此提出一個解釋：在高速運動時，動物會損失機動性，牠們的轉彎角度變大，因此軌跡變

8 原註：Coprolite，恐龍的糞便化石。

得更容易預測。可想而知，要是讓速度更快的掠食者知道你要去哪裡，那當然只有死路一條。

威爾森將掠食者和獵物的運動參數輸入電腦模型中進行模擬，發現被追捕者應該採用的兩種策略。首先，遭到遠距離外的恐龍追捕時，要經常改變方向但不要減速。第二點，當掠食者靠近到只剩兩、三步的距離時，要迅速減速、急轉彎，然後加速。要正確把握這個動作的時機，這樣追捕者的高速度會導致牠轉彎角度過大，損失掉一、兩步的距離。當牠再度追趕上時，再重複第二點的步驟一次。

你的目標是爭取時間。因為人類的耐力較為持久，這是你的優勢。不過，最近有一些研究，像是古生物學家德切基所做的，顯示出某些恐龍物種就牠們的體型來說，也可能擁有非比尋常的耐力，只不過人類更勝一籌，生來有一副彈性佳的臀部，還有能夠延展的跟腱，[9]以及高效的冷卻系統，這讓人的耐力十足，成為自然界數一數二的長跑物種，只要賽跑的時間拉得越長，你存活的機會就越大。

然而，在某些不幸的時刻，這樣的運動能力差異還是會被突破，無論你轉了多少個正確計時的彎都沒用。這種情況可能就是遇到了斯尼夫利口中最危險的跑者——就是我們之前提到的霸王龍，但不是本章開頭提到的那種巨獸。斯尼夫利說：你最該感到害怕的，不是那些體型最大的成年霸王龍。

是那些青少年！

跟多數動物不同，霸王龍在成年時的跑步速度並不是牠一生中最快的時期，而是在十幾歲的青少年階段到達頂峰，奔跑速度估計達到時速五十三公里，因為牠那時的體重相對較輕，只有兩千磅（約九百公斤），但這時牠的下

9 編註：即「阿基里斯腱」，或俗稱「後腳筋」。

一隻十四歲的霸王龍

警戒層級：破表

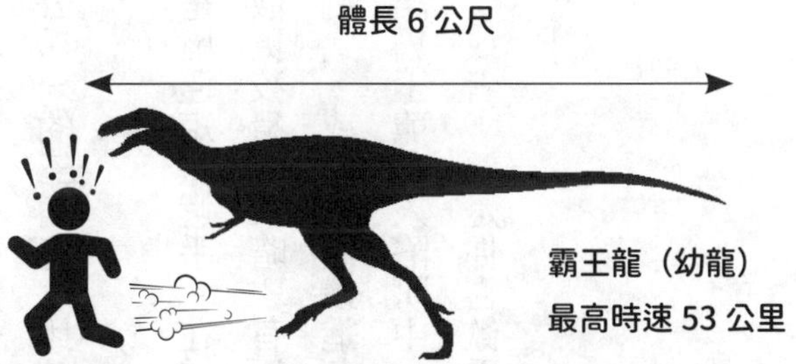

顎已足夠強大，可以一口咬碎你的骨頭。年輕的霸王龍發動攻擊的機率也更高，因為牠們的獵物與成年霸王龍也不同，在青少年階段，牠們還不會去捕食七千磅（約三千兩百公斤）重的鴨嘴龍和五噸（約四千五百公斤）的三角龍，比較可能會捕食與你體型類似的動物。

要是遇到一隻年幼的霸王龍對你發動攻擊，除非你是奧運短跑選手（在這種情況下你的逃跑機會跟黑斑羚差不多），不然你得採取更狡猾的策略才有活下去的可能。你需要有足夠的好運，將自己擠進一個小洞穴，或是一頭鑽進茂密的荊棘叢中。再不然你也可以為自己創造好運，試著讓霸王龍落入陷阱中，可以試著在水坑或礦坑上鋪一層灌木、襯有木樁的上叢；或者，要是你喜歡看牠身體爆裂，也可以找一口很深的礦井，在上面鋪一層灌木。

如何在
希克蘇魯伯
小行星
撞地球後活下來？
RUN——

假設你想在夜間溫度合宜、陽光燦爛的地方露營，欣賞有趣的野生動物和觀看明亮的星星，那很適合回到白堊紀晚期，在那裡來一場露營旅行，這個時期約莫是在六千六百五十萬年前，當時的氣候非常溫暖，就連北極區都長著棕櫚樹，而且生命史上最著名的那些駭人恐龍，此時也還在地球上走動。

你會看到暴龍獵捕三角龍的著名場景，還有重達八十噸（約七萬兩千五百公斤）的阿拉莫龍（alamosaurus）啃食離地面十二、三公尺高的樹葉的景象——牠的體型可是地球史上數一數二龐大的。也許，你還會看到像坦克一樣的甲龍（ankylosaurus），會用牠破壞力十足的球型尾巴碾碎對手。到了夜晚，當你安頓下來，會在北半球的天空中看到一顆全新的星星。

這顆星星跟一般那種會閃爍、耀動並且劃過天際的星星不同。它看似靜止，並且會像其他星體那樣發出一閃一閃的光芒。不過若是過了幾個小時你再看它一眼，可能會覺得這顆新星變得更亮一些。隔天晚上再看時，它已成為天空中最亮的星星。之後它的亮度會超越行星，然後又趕過月亮和太陽。最後，它會穿過大氣層，撞上地球，釋放出比史上最強大的核彈還多一億倍的能量。

希克蘇魯伯小行星（Chicxulub asteroid）撞上地球的那天，是我們這顆星球生命史上的重要時刻，衝擊產生的效應既深且鉅。小行星落在今日墨西哥的猶加敦半島（Yucatán peninsula）上，現在那裡是座小鎮，鎮名便是以這顆大隕石來命名的。若是將整個史前時代比擬成一天，恐龍的統治可以說在千萬分之一毫秒內結束，哺乳動物開始崛起。這次的撞擊不僅消滅了所有恐龍（除了少數在地面築巢的鳥類之外），還奪走了陸地上大多數哺乳動物的生命，僅有那些體型比浣熊還小的物種存活下來。地球上的生命瞬間就進入史上的大災難時期。

若你回到這個時刻，有可能度過這場浩劫活下來嗎？不無可能。

美國國家大氣研究中心的氣候科學家查爾斯·巴丁（Charles Bardeen）表示，如果你紮營的地點剛好是在正確的大陸陸塊、正確的環境、正確的海拔高度，而且剛好在正確的時間尋找到正確的避難處，那你是有可能存活下來的。巴丁曾在《國家科學院院刊》（*Proceedings of National Academy of Sciences*）發表過模擬小行星沉降物的研究報告。當然，即使在撞擊時你剛好幸運地位在世界的另一端（這理當是你能夠逃過這場浩劫的唯一可能），他也建議你要迅速採取行動。一旦你聽到音爆（別擔心，無論你身處何地，一定會聽到），就必須立即動身，前往高處，然後在那裡尋找地下避難所。刻不容緩。

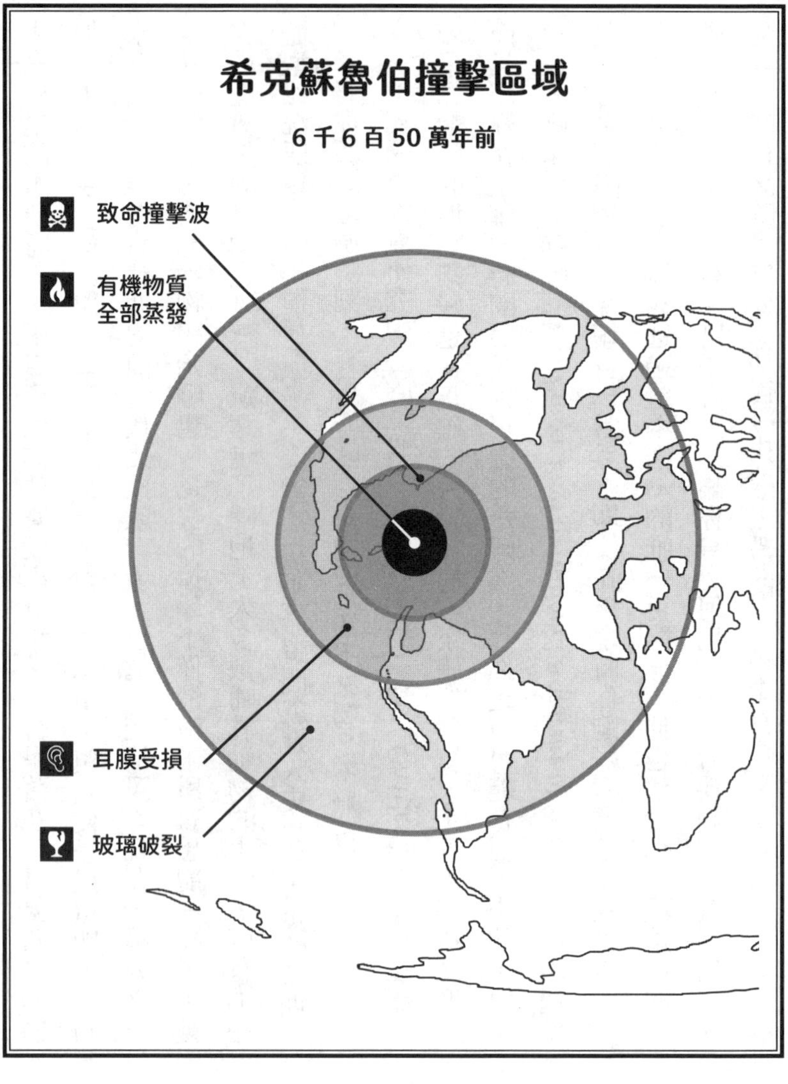
希克蘇魯伯撞擊區域
6千6百50萬年前
致命撞擊波
有機物質
全部蒸發
耳膜受損
玻璃破裂

你可能認為這樣有點小題大作，沒必要這樣大費周章地躲避一顆撞擊地點遠在一萬六千公里外的隕石。絕對不會有這種事，這次撞擊的影響層面真的很大，不過你也不是第一個低估小行星衝擊效應的人，許多人都犯下類似錯誤。事實上，一直等到一次世界大戰爆發前，世人才真正了解到小行星造成的災難會帶來多大的風險。在那之前，大多數天文學家都天真地認為，根本不可能發生像希克蘇魯伯這樣的大規模撞擊。

伽利略在一六〇九年將他的望遠鏡瞄準月球時，在月球表面發現了許多形狀接近完美圓形的隕石坑，從這時開始天文學家便對此好奇不已，想要知道這些坑是如何形成的。有些人認為這是小行星撞擊造成的，像是十九世紀早期的德國天文學家弗朗茨．馮．格羅特胡森（Franz von Gruithuisen）。但大多數人拒絕這個理論，因為一個看似簡單但又令人困惑的事實：月球表面的坑洞幾乎是完美的圓形。凡是曾把石頭丟進泥土的人都會告訴你，撞擊痕跡不會是這個樣貌。那些坑洞應該是長方形、橢圓形而且是雜亂的。（格羅特胡森還聲稱他在這些月球隕石坑中看到牛吃草，這可能讓他提出的理論更沒有說服力。）天文學家還可以在每個凹陷的中心辨認出小山，這又進一步誤導了理論家們。

因此，三百多年來，大多數天文學家和物理學家至少相信兩件關於月球的事：（1）沒有牛在月球的草地上吃草；（2）在月球表面留下坑洞的是月球上的火山，而不是隕石。第一點通過現代望遠鏡的審視，到目前為止仍然成立，不過第二點則因為在一次世界大戰爆發前發現大爆炸留下的痕跡和隕石墜落所造成的大不相同，而讓人開始動搖。

在一九〇〇年代初期，俄羅斯的尼古拉．莫羅佐夫（Nikolai Morozov）[10]等天文學家開始觀察炸彈坑，並得到一個相當驚人的發現：炸彈造成的大型爆炸在許多方面與丟石頭留下的痕跡不同，不過當中最相關的是（至少就月球的外觀而言），它會留下完美圓形隕石坑，無論撞擊角度為何。正如莫羅佐夫在一九〇九年進行一系列實驗後所描述的，小行星的撞擊「會往各個方向拋射周圍的塵埃，就像砲彈落在鬆散的地面上，無論其平移運動的狀態」。在莫羅佐夫發現這些現象後，月球上的隕石坑看起來不再像是無害的遙遠地質過程遺跡，反而成了世界末日不知何時降臨的惡兆。

早在莫羅佐夫的這些發現前，月球火山論的支持者，例如當時的哈佛大學科學學院院長奈森．謝勒（Nathan Shaler）就意識到遭受小行星撞擊可能會產生毀滅性的衝擊。謝勒在一九〇三年寫道：「即使直徑只有十六、七公里的火流星[11]墜落……也足以摧毀地球上的生命。」但大多數天文學家認為這完全是理論推演，部分原因是，正如謝勒在為月球火山論辯護時所指出的，人類的存在就證明了這種撞擊不可能發生。

莫羅佐夫的計算改變了這一點。一旦你知道月球表面這些痕跡的真正起源，就算不是天文學家，甚至沒有望遠鏡，你也能得出一個沉重的結論：小行星撞擊的頻率多到令人不安。就某種程度來說，謝勒的錯誤中其實有許多先見之明。**確實**有一顆他所描述的那種小行星撞擊了地球，它也**確實**消滅了地球上的優勢物種。只是它非但沒有毀滅人類，反而為我們日後的演化鋪路，為一種鼩鼱[12]大小的胎盤哺乳動物清理出空間，最終演化出爬行、行走，並且在從這次的露營

10 原註：莫羅佐夫的傳記讀起來有點像是《基督山恩仇記》，如果將小說中的復仇橋段改以科學代替。身為政治犯的他被關在聖彼得堡外海一座小島上的監獄，在這座由十四世紀城堡改建的監獄中過了二十五年的囚禁生活，在此期間，他自學了十一種語言，並出版了各種領域的著作，從原子結構一直到西高加索地質學。出獄後不久，他將研究焦點轉向天文學。

11 編註：通常適用於視星等達到-4等或更亮的流星；天文學家傾向於使用火流星來標示特別明亮的火球，特別是有爆炸的（有時稱為爆炸火球）；它也可以用在發出聲音的火球。

12 編註：一種體型細小、外貌有點像一種長鼻鼠的哺乳綱動物。

之旅一路思考到世界末日的人。

你可能會想，既然我們哺乳類的祖先鼩鼱都能夠活下來，這不就證明像你這樣腦容量更大的哺乳動物理應更有存活的機會。但事情可沒那麼簡單，鼩鼱擁有許多適應末日環境的能力，但人類早在演化的過程中失去了這些特性。鼩鼱是以昆蟲為食，能夠挖洞躲避炎熱的環境，還能在接下來的寒冷十年中用皮毛取暖。你或許有辦法複製一些鼩鼱的生存策略，你可以挖洞，也可以擴大你的食材範圍，但演化已經奪走了你其他的能力，當那顆閃爍的星星以每秒約二十公里的速度進入地球大氣層時，你那兩隻可以進行對掌動作的大拇指（opposable thumbs）[13]恐怕是救不了你。

在這種衝擊速度下，地球大氣層的動態性質會變得像水一樣。當較小的岩石（即流星）撞擊大氣層時，它們就像一顆落入池塘的鵝卵石，在高空中會很快地減速，通常在空氣中就因摩擦而整個燃燒掉，再不然就是不斷減速，到達低空時會以一較慢的終端速度落地。不過跟山一樣大的希克蘇魯伯小行星衝進我們的大氣層時，狀況比較像是一大塊巨石掉進水坑。在落地前一直保持同樣的速度，大約只花了六秒鐘就穿過將近九十七公里的大氣層。當這顆小行星呼嘯而入，掠過中美洲上空時，發出的音爆足以在整片大陸上迴盪。

它的掉落速度飛快，下方的空氣根本來不及逸出。在強烈的壓縮下，空氣在瞬間加熱到數千度，因此在小行星撞擊前，白堊紀晚期覆蓋猶加敦半島的大部分淺海區早就蒸發殆盡。在幾毫秒後，小行星穿過剩餘的海水，並以每秒超過十六公里的速度撞上海床的基岩。在那一瞬間，有好幾件事幾乎是同時發生。

首先，撞上地球的這顆超大流星對土壤和岩石施以一股非常大的壓力，讓它們連破裂或粉碎的時間都來不及，直接液化，變成像液體一樣流動。這種效應實際上讓我們更容易想像隕石坑的形成過程，因為這時地表的起伏變化幾乎就像是我們發射一顆砲彈到自家後院的水池那樣，會產生雙重濺射。首先噴濺是往各個方向而去，然後在撞擊物從表面反彈至空中再度落下時，則會出現垂直方向的噴濺。

在游泳池中，這整個過程只需要幾秒鐘。而在希克蘇魯伯小行星撞地球時，大約需要十分鐘，不過這其間的差異在於規模的變化，而不是速度。最初撞擊

13 譯註：包括人類在內的許多靈長類都具有這樣的大拇指，能夠按到同一隻手掌上的其他手指，相對的能力。這種對生拇指讓人類擁有精確和強大的握力，人類的手指尤為靈巧，一般視為人類的一大演化優勢。

時，向外噴射出的土牆有三十二公里高；這造成的臨時坑洞非常深，幾乎直抵地函[14]，當坑洞內的撞擊物往空中回彈，形成第二波的「垂直噴濺」時，地層以超過一千六百公尺的速度在上升，到達比珠穆朗瑪峰還要高的高度。幾分鐘之內，這座高山在一系列的二次爆炸中幾乎完全崩塌，不過還是留下了一個較小的土丘，也就是日後隕石坑的「峰環」[15]，這種地質結構過去曾讓早期觀測月球的人感到困惑不已。

就在這顆小行星第一次撞擊猶加敦半島，對基岩施加壓力的同時，它還將自身的動能轉化為熱能，這顆每秒以十六、七公里的速度在移動的七十五億噸岩石，就在頃刻間發光發熱。

要理解何以一塊岩石撞擊到另一塊岩石會產生熱量並不太容易，但從熱力學角度來看，熱只是分子的運動。分子動得越厲害，溫度就越高。要晃動分子有很多種方式，不過直接拿東西敲擊也很管用，這就是為什麼拿錘子去敲釘子後它會發熱的原因。不過敲錘子時約莫是產生 0.0001 千焦耳的能量，而希克蘇魯伯在撞擊地球時所提供的能量約是 1,300,000,000,000,000,000,000,000。這場撞擊讓地球岩石、土壤和空氣中的分子經歷到超過太陽表面的溫度。

熱會從原子中奪走電子，將空氣電離[16]成不斷膨脹的等離子火球，並用汽化岩石增壓，最後以超音速的高速從撞擊坑中噴出。受熱而快速膨脹的空氣和大地幾乎在瞬間轉變為氣體，再加上小行星本身的衝擊波，最後便形成了一股秒速達到四百四十七公尺以上的巨大壓力波，向外擴展而去。

「唯一能夠與小行星撞地球相提並論的是淺層熱核爆炸。不過，這也要看核彈的大小，星體撞擊的能量可能還是要大上許多。」西方大學（Western University）的行星科學家伊麗莎白·西爾伯（Elizabeth Silber）這樣表示。在希克蘇魯伯小行星的例子中，衝擊的威力是核彈的一億倍。要是這顆小行星今天撞到同一個地方，爆炸產生的震波足以殺死全德州的人，紐約客應該會被震聾，若是在更遠一點的布宜諾斯艾利斯，家家戶戶的門窗玻璃應該也會被震碎。

14 編註：Mantle，行星體內部結構的一層，其下以核為界，上以地殼為界。

15 編註：peak ring，峰環隕石坑是一種複雜的隕石坑，與多環盆地或中央峰隕石坑不同，它沒有中央峰，取而代之的是，隕石坑中心周圍有一個大致圓形的環或高原，可能是不連續的，而隕石坑的邊緣則位於更遠的地方。

16 編註：Ionization，或稱游離作用、離子化，是指在（化學性的）能量作用下，原子、分子在水溶液中或熔融狀態下產生自由離子的過程。

這塊巨石在撞地球時會產生類似敲鐘的效應，而這鐘聲不只是響徹雲霄而已。透過地殼傳出去的震波還會以每秒約四千公尺的速度從撞擊點輻射發散出去。這些震波隨後便引發各大陸的斷層滑動，造成大範圍的地震。

如果這時你在世界的另一邊，預計你會在撞擊後三十分鐘感受到地面震動。這時要盡可能遠離大型水域的岸邊，因為地震可能會在峽灣或湖泊等孤立水域中引發類似海嘯的塞克波[17]。當然，更重要的是要遠離海灘。

這次的撞擊會引發像摩天大樓一樣高的海嘯**群**。第一批海嘯會在一小時內衝上墨西哥灣的海岸線，高達兩、三百公尺的海浪會沖進現在的墨西哥和美國南部，淹沒掉數十里的內陸。入侵的海浪會暫時逆轉河流的流向，好比有一波近十公尺深的潮汐突然衝上河床。

海嘯席捲了東部沿海地區，衝擊到美國東海岸，在小行星撞擊六小時後，在歐洲、非洲和地中海沿岸也出現了約兩百公尺高的水牆。撞擊後的十五小時內，地球上的每條海岸線都遭到海浪襲擊。

這些海嘯會讓整個局勢變得非常複雜，這也連帶影響到你的生存策略，因為在遭遇超大型小行星撞擊時，靠近海岸線其實是個好主意。海洋是地球的絕佳絕緣體，可以緩和大規模撞擊引起的劇烈溫度波動。就希克蘇魯伯撞擊的情況來看，變化也是從熱開始。

當這顆小行星在地殼上撞出一個坑洞時，會將二十五兆噸的猶加敦半島撞碎，並將這些碎片送上天際，沿著不同軌道發射出去。其中一些碎片甚至超過我們這顆星球的逃逸速度，脫離地心引力，高速飛離地球，有的則繞著太陽運行，還有的則撞上其他衛星或行星。數千塊來自猶加敦半島的岩石最終撞上了火星，有些甚至撞上木星的衛星，但大部分碎片在一小時內就落回地球。這些玻璃狀塊體稱之為玻璃隕石（tektites）——有些像公車那麼大，但大多數只有彈珠的大小——最後是以時速一百六十到三百二十公里的速度撞擊地球。

這時無論你身在何方，只要在地球上，都需要想辦法找一個地方保護自己，躲過這場熾熱的冰雹。查爾斯·巴丁（Charles Bardeen）建議去找一個山洞。

當這些玻璃子彈落下時，會與大氣層產生摩擦，氣體與岩石這兩者都會釋放出熱輻射，足以在世界各地引發火災。據估計，落回地表的殘骸餘燼的總熱

17 編註：seiche waves，指在封閉或部分封閉的水體中出現的駐波。

量相當於家用烤箱的烘烤溫度。當時世界上大多數的樹木都被燒光了，這或許就是為什麼只有那些在地面築巢的鳥類能夠倖免於難，在這次撞擊後存活下去。在少數逃過滅絕的大型陸地動物中，幾乎所有動物都有一些逃避高溫的方法。有的會挖洞，就像那些小型哺乳動物、蛇和蜥蜴一樣，有的則是逃入水中，就像鱷魚或海龜。

這意味著，就算你在世界的另一端，也需要尋找能夠保護自身的地方，抵禦最初的熱浪。

巴丁建議去找一個**很深**的洞穴。

對於恐龍（和你）來說，在經歷一連串不幸事件後，最後一件讓你們更倒楣的是，希克蘇魯伯小行星碰巧掉在一個富含石油和硫磺的地區。這次的撞擊將一千億噸的氧化硫，和相當於一萬座蘇必利爾湖的湖水噴射到大氣中，這些氧化硫和水在之後凝結成巨大的暴風雨雲，並以酸雨的形式落回地面。在高緯度地區，整片大陸颳起暴風雪，每天積雪達數十尺。但這場全球性的洪水並沒有持續太久，因為除了水之外，希克蘇魯伯火山還蒸發並噴出了足以填滿一百五十座足球場的石油。要不了多久，這些油質就在平流層[18]中凝結成黑色的煙灰層，最後覆蓋在地球上，像是在地表塗上一層黑色油漆。

煙灰與硫磺和野火煙霧不同，這層噴上去的碳繼續在雲層高處循環，雨水無法將其沖洗乾淨。因此，儘管下了好幾週的雨，滅了大量的野火，但煙灰層仍然存在，這也造成抵達地球表面的陽光量減少了九成，為期至少三年，讓地球進入長期的冰凍狀態。全球氣溫平均下降了近二十七點八度。

唯一可以避免全球冰凍的地方是馬達加斯加、印度（當時是一座島嶼）和印尼的熱帶島嶼。這些赤道綠洲不僅提供了一些可供食用的動植物，而且根據科學家的氣候模型，那裡也是當時地球上為數不多還有淡水供應的地方。在全球性的嚴寒中，蒸發作用幾乎停擺，降雨量減少了八成。除了這些熱帶島嶼，地球上幾乎所有地方都變成乾涸的沙漠。

這些島嶼有可能是世界末日來臨時的綠洲，但那裡可不是人間天堂。你不用準備防曬霜，多帶一些食物。那裡能接受到的陽光僅有正常時候的一成，而且降雨量僅能勉強維持它們不至於沙漠化。在這樣寒冷昏暗的環境中，大多數

18 編註：stratosphere，是地球大氣圈中位於對流層上方和中間層下方的一層。

你可能活下來的區域
和必死無疑的區域

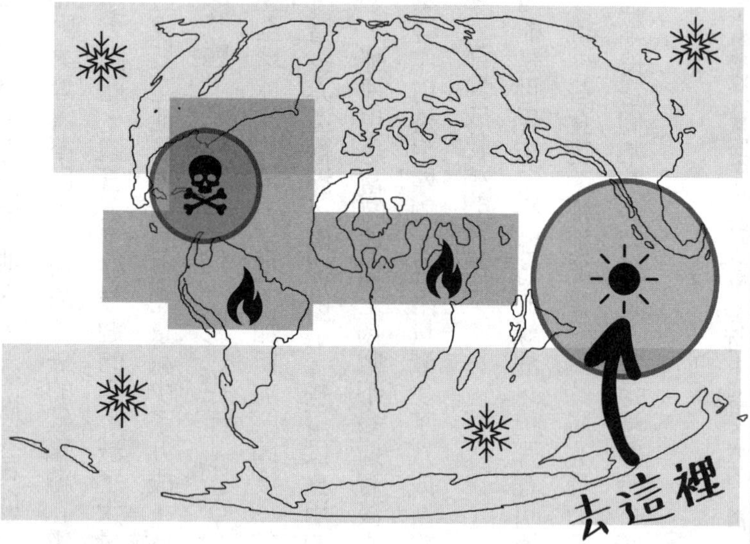

致死的野火或落塵　致死的震波　致死的嚴寒　有機會活下去的地方

（但不是全部）的食物鏈都裂解、崩壞了。

化石證據顯示淡水生態系表現最好，所以你可以去河流或河口附近覓食。碰碰運氣，也許可以在那裡發現海龜、鱷魚和一些魚來吃。生活在沉積物中的動物，如文蛤、蝸牛和小型甲殼類動物，在遭到撞擊後的環境中也表現得很好。儘管如此，巴丁還是警告我們，若是準備不足，千萬不要任意展開這場旅行。他說：「為了生存下去，必須帶些東西來保暖，而且至少要有六年的存糧才有安然度過這場危機的機會。」

如果你不相信他，執意要回到這個時代，那麼至少找一座多山的熱帶島嶼。那裡的溫度適宜，而且至少會下點雨。你得找一處能夠躲避玻璃隕石雨和酷熱的遮蔽處藏身，也許還能在河流和湖泊中找到食物。在認真尋找食物時，不要去碰那些類似鼩鼱的生物。目前還不清楚在希克蘇魯伯撞擊事件後到底有多少隻倖存下來，因此你若是錯吃了我們的祖先，可能會給人類帶來一些災難性的後果。

如何安然度過
冰河時期？
RUN——

要是說，這次你想穿越回有大量冰河覆蓋的時代，去到那個加拿大、斯堪地納維亞半島[19]和北歐的冰河比摩天大樓還高的時代；你想經歷一下人類與鬣狗、熊、狼、馴鹿、披毛犀、猛獁象和獅子一起生活的日子，想試試看自己的能耐，是否能捱過人類史上特別寒冷的時期，在地球上最為寒冷的地方存活下來。於是你決定回到兩萬五千年前，在春日時節去看看猛獁象漫遊的那一大片寒冷的廣闊草原，地點約莫是在今日的東歐。

一回到那裡，就會看到雄偉壯麗的冰河，但你也會在高度達一、兩千公尺的冰牆下瑟瑟發抖。在迎面遇到那些伺機而動的雪豹，或是發現尾隨在後的獵豹時，可能也會被嚇一大跳。在到達這時代沒幾小時後，你就會開始感到肚子餓。不幸的是，根據考古證據來看，在這些海拔較高的乾燥平原上，你的菜單品項會極為有限。在一個人類營地的垃圾堆中，發現猛獁象的骨頭占所有廚餘的百分之九十八。就此看來，壞消息是，如果你想在這片猛獁象草原上吃東西，就得去獵捕人類有史以來遇過的最危險的一種獵物：猛獁象。

獵捕猛獁象非常危險，因此考古學家一直到很晚近才真正確定人類曾經獵捕過這類動物。過去有許多學者懷疑，石器時代的獵人只是剛好在他們的營地發現了猛獁象，而不是真正前去獵殺。不過就猛獁象的死亡年齡來看，這比較像是獵人刻意挑選的獵物，而不是撿食自然死亡的野獸。古生物考古學家彼得．沃伊特爾（Piotr Wojtl）發現了一個足以釐清所有疑慮的鐵證：一支兩萬四千年前的燧石箭頭深深插在一頭猛獁象的肋骨中。

如今，人類獵捕猛獁象一事可說是證據確鑿：在人類歷史上最寒冷的時期，生活在北方的人不僅會獵殺猛獁象，而且幾乎造成牠們的滅絕。在現代，猛獁象的近親是體型相似的非洲象，牠們的體重高達六噸（約是五千四百公斤），偶爾會殺死持槍的盜獵者。至於回到冰河時代的你，只有木棍和石頭可用。然而，當你在寒冷的草原上感到飢腸轆轆時，恐怕也沒有別的選擇，就只能朝著一隻長著八呎象牙，體型有小型巴士那樣大的動物拋出一根帶有鋒利岩石尖端的小木棍。

然而，在你想辦法搞定這頭憤怒的六噸巨獸前，得先在這個你從未經驗過的環境條件中生存下來，這與你過往的經驗截然不同，而且就許多方面來看，

19 編註：Scandinavia，地理上是指斯堪地納維亞半島，包括挪威和瑞典，文化與政治上則包含丹麥。

與當今世界相比，這個環境所帶來的痛苦，真的會讓人求生不得。

你現在所處的時代叫做冰河時代（Ice Age），這是一般常用的名稱，但加州大學柏克萊分校的地球與行星科學教授尼古拉斯・斯旺森－海塞爾（Nicholas Swanson-Hysell）認為，這說法其實是用詞不當，會讓人感到困惑混淆，因為我們至今仍然生活在同一個冰河時期中。這大約是在三百萬年前開始的，當時大氣中的二氧化碳含量首次開始直線下降。

大氣中的二氧化碳好比地球的隔熱層，會捕捉本來理當發散到太空深處的熱量，因此二氧化碳的量決定了地球的溫度。在溫度升高的時代，例如在三疊紀，它在大氣中的濃度飆升至百萬分之兩千（2,000 ppm），這時在北極圈的海灘上長滿蕨類植物。當大氣中的碳含量下降時，例如成冰紀[20]，碳含量降至百萬分之四十（40 ppm）以下，這時就連赤道都會結冰。[21]

由於地球上**絕大多數**的碳都封存在岩石中，因此在工業革命前，通常只有火山活動才會排放大量二氧化碳到大氣中，導致地球暖化。以三疊紀末期為例，一場持續五百年的火山爆發釋放出約四百多萬立方公里的熔岩，當時在大氣中排放的二氧化碳相當於是二十一世紀所有人類活動排放量的加總。地球的溫度變暖了五度，有四分之三的物種因此死亡。

不過，正如碳會隨著岩石崩解而進入大氣層，它也會隨著岩石的形成而離開大氣層。在二氧化碳溶解於水中後，會遇到剛剛從鎂鐵岩中侵蝕出來的鈣和鎂等礦物質，這時便和它們發生反應，這稱為「風化作用」（weathering），最後就沉積在海底，形成巨大的石灰岩床。

換句話說，碳的生命週期大概就是下面這樣：

岩石——**火山！**——空氣——海洋——岩石。

火山爆發可能比產生石灰岩的普通化學反應來得更壯觀猛烈，但這一化學過程所造成的環境影響同樣深遠，儘管結果剛好相反。當大量新形成的鎂鐵質的基性岩（mafic rock）在水中受到侵蝕，岩石中的礦物質便會與大氣中的碳發

20 編註：Cryogenian，符號 NP2，又名南華紀，是地質時代中的一個紀，開始於同位素年齡七百二十 ±0 百萬年（Ma），結束於六百三十五百萬年（Ma）。

21 原註：工業革命前，大氣中二氧化碳含量為 278 ppm。如今則高達 417 ppm，若是將這個濃度與地球史上的環境相對應，那對應到的是沒有北方永久冰原的時期，今天這些冰層之所以還存在純粹只是因為碳含量上升的速度很快，而地球的溫度還在後方追趕。現在，地球就像是一袋放在剛拔掉插頭的冰箱裡的冷凍豌豆，地球解凍只是遲早的事。

生反應，形成大片的石灰岩床，地球就此失去了保溫層，進入冰河時期。

當然，那些偶發的土石流並不會導致侵蝕加劇，封鎖住大量的碳，讓地球陷入長期冰凍狀態。這種狀況是要在形成全新島嶼和山脈以及它們遭到侵蝕時才會發生。當大陸和火山弧碰撞，抬升起大量富含有鈣和鎂的岩石，讓它們暴露在陽光下，就會出現碳封存，但要發生大量碳封存，這些山脈得出現在地表最溫暖、最潮濕而且最容易受到侵蝕的地方。換句話說，根據斯旺森－海塞爾的說法，地球要進入冰河時期得先發生一件轟轟烈烈的大事——而且每次都一樣：熱帶地區的板塊碰撞。

三百萬年前，印尼群島猛烈地撞上澳洲北部，數百萬噸富含鎂鐵質的基性岩隆起，這些剛露出來的岩石遇到了大量溫暖的雨水，將它們當中的礦物質帶入海洋，同時封存了數十億噸的碳在海底的石灰岩層中，接著就是地球的溫度驟降。[22]

然而，即使是在冰河時期，地球也會因為運行軌道的週期性變動而出現暖化和冷化。地球就像一顆旋轉的陀螺，在旋轉時會輕微晃動。這些擺動以四萬年為週期，隨著地球傾斜角度的增加，各半球在冬季接收到的陽光減少，而日照量的改變又進而影響到洋流，導致海洋吸收更多的碳。在兩萬五千年前，北半球達到了其擺盪的最低點，二氧化碳濃度下降至工業化前的百分之六十五，地球的平均氣溫比現在要低個十五度，北半球的大部分地區都為巨大的冰層所覆蓋。

當你穿越時空，到達這個冰雪新世界，在環顧四周並嘗試想要認識當地環境時，可能會想要動用目前對歐洲草原的認識，根據已有資訊，預測當地的溫度會比今日同樣的地理位置再低個十五度。根據這個簡單的公式，你估計自己大概會身處在類似北極苔原的環境，就像現代加拿大北部或俄羅斯的苔原一樣。但不僅這兩個你推想的地方是錯的，實際上你這樣的嘗試本身就是錯的，你眼前的環境是無法與今天地球上任何一個地方相比擬的。

你需要避免自己陷入這種弔詭的認知陷阱中，因為與恐龍時代不同的是，

22 原註：這個循環會達到一美妙的平衡，能夠避免地球氣候偏離平衡值太遠，這主要是因為將碳封存在岩石中的化學風化作用在高溫下發生的效率較高。因此，地球變得越暖，從大氣中移除的碳就越多，反之亦然。基於這個原因，斯旺森－海塞爾告訴我，地球最終將清除我們排放到大氣中多餘的碳。但別高興得太早，這個過程需要耗時幾十萬年，所以地球最終會沒事，但人類的命運就難說了。

這時代的許多動物在你看來相當熟悉，但出現的地方與整個場景卻顯得詭異離奇——就現代的生物分布認識來說。你會看到應當只生活在非洲大草原上的動物在北極動物旁邊吃草；你會在一個地方就觀察到北極狐、野牛和馴鹿——這一切看起來還很正常，但隨後卻出現獵豹在追逐牠們。犀牛可能會在狼獾旁邊吃草；狼可能坐在獅子旁邊。面對這些場景，你可能感到非常錯亂不安，眼前這一切彷彿陷入了一種生物的恐怖谷。如果你發現有一群獅子在追逐馴鹿，請不要驚慌。這樣說好了，也許你應該對周遭保持警覺，但絕對不用擔心自己出現幻覺或妄想。

不要將你所在的位置與你熟悉的現今世界相提並論，互相比較，而是要從下面這一點開始思考：你現在正處於一個寒冷、乾旱的環境中，陽光明媚，沒什麼雲雨。由於斯堪地納維亞的冰層吸取了大西洋的水分，年均降雨量已經低到接近沙漠地區的程度。然而，由於冰河沉積物不斷積累，這些冰河產生的土壤具有驚人的生產力。最後的結果便是在這大片猛瑪象草原上，出現了動物群一分為二的現象，看來確實相當令人難以置信；一群是在濕潤的河谷區，另一群是在乾燥的沙漠高地。高海拔的高原和山區台地就像現在的極地沙漠，而河谷的濕潤土壤則大幅提高生產力。猛獁象草原上的沖積平原滿是肥沃土壤，成為野牛、馬、猛獁象等大型遷移動物生活的理想環境，但同時也是捕獵牠們的大型掠食者的樂園。這些掠食者包括狼、獅子、獵豹，當然還有人類。在這裡，你會看到考古學家所說的巴普洛夫文化[23]中的成員。你會發現他們的營地位於河谷上方，在那裡他們可以俯瞰廣闊的草原，觀察吃草的猛獁象群，並規劃狩獵活動。

狩獵猛獁象並不能單憑一己之力，這意味著當你飢餓時，需要結交朋友，不過狩獵過程也許並沒有你想像的那麼難。在今日的通俗文化中，經常將巴普洛夫人描繪成手拿著大棒子、身披虎皮，而且是一臉呆樣。但在考古學家之間，他們的特徵是精緻的服裝，身上的藝術品還會以象牙雕刻出性感女性形象——這又稱為維納斯雕像（Venus figurines）。

對你來說很幸運的是，學者的觀點確實比一般大眾間流傳的想法要來得準確。

23 編註：PavlovianCulture，一種上古石器時代文化，屬於格拉維特文化（Gravettian）的變體，存在於約二萬九千年至二萬五千年前的摩拉維亞（Moravia）、奧地利北部和波蘭南部地區。

從認知能力來看，巴普洛夫人是一個完全現代的智人群體，他們的精明程度至少和你一樣，而且，肯定比你更精通在這個時空中所有重要的生存技能。他們的宗教信仰和習俗與你截然不同，但他們確實有宗教信仰，也有習俗。就跟其他人一樣，他們會爭論、開玩笑、八卦、大笑、相愛、打架、製作珠寶、繪製精美的畫；他們高興時微笑、沮喪時會皺起眉頭，他們會唱歌、演奏音樂，可能還會跳舞。他們祈禱、戲弄彼此、戰鬥、玩耍、協調複雜的狩獵，而且他們肯定擁有一套多元而複雜的社會規則和規範，就跟當今世界數量類似的群體相當。

他們的個頭非常高大，這一點不僅在他們的時代很具優勢，在**任何**時代都是。男性的平均身高約超過一百八，相當於今日世界平均身高最高的國家。他們有棕色的眼睛和深色的皮膚，並且會製作手工繁複的衣服（有點類似軍裝外套）來保護皮膚，抵禦冬季平均氣溫只有攝氏負二十度的嚴寒，這些衣服是他們用當地的北極狐、狼和狼獾的毛皮而製成，而這些動物也適用手工編織的纖維網和陷阱來捕捉的。

因為這裡幾乎沒有樹木或木材，所以他們只能燃燒骨頭來生火。如果你想熬過他們寒冷、而且要為新陳代謝付出高昂代價的生活方式，那你就得和他們吃一樣的食物，攝取富含蛋白質和脂肪的餐點。你所在的地方，就是猛獁象出沒的地點。當你餓了，只有兩條路可選，不是牠死，就是你亡。

要獵殺猛獁象，你需要先製作一支矛，矛桿是由木頭或骨頭製成，矛頭則是取自碎裂的燧石。你可能會以為要像擲標槍那樣朝著猛獁象丟出這支矛——千萬不要。你的目標是一隻重達六噸，皮厚一吋的動物。長矛只會激怒牠，這時你就必死無疑。因此，你需要打造一座擲矛器。

擲矛器（atlatl）說穿了就是一根扁平的短棍子，一端裝有用來固定矛的鉤子，另一端則是手柄。這是一個相當簡單的設計，但卻具有致命的效果：為你的投擲動作中添加另一道槓桿作用，瞬間就成為獵殺猛獁象的強大武器。經驗豐富的投擲手在用擲矛器時，能夠發射時速超過一百六十幾公里的長矛。沃伊特爾在猛獁象肋骨中發現的燧石，也就是擲矛器發射的矛頭，穿過了猛獁象一吋厚的皮和三公分厚的脂肪，深入到牠的骨頭裡。

在做好你的矛和擲矛器後，還需要選擇營地。得找一處河谷上方的山坡，在那裡可以觀察正在逼近的猛獁象群，不過更理想的是，找一處通往天然陷阱的河谷。

沃伊特爾是在波蘭南部的巴普洛夫遺址進行考古挖掘，他發現的那個插入猛獁象肋骨中的燧石矛就是在一處岩石崖上，俯瞰著一條天然的死角。「這區域就是一個天然陷阱，」他說：「三邊都被包圍起來。北邊是岩石懸崖，東邊和西邊則是窪地和峽谷。」

你需要找到一個這樣的地方，一個你可以將一頭猛獁象趕入死角的地方，這樣你才有機會面對牠。

獵捕目標的選擇也很重要。就骨骼遺骸來看，即使是猛獁象狩獵高手也很少攻擊老年的公象——儘管牠們最有可能單獨行動。原因顯而易見。年老的雄象體型龐大，攻擊力極強，特別是處於發情期的時候——這是公象攻擊力最強的時期，牠們動不動就會攻擊，從鳥類、長頸鹿，甚至連樹木都難逃牠們的摧殘。一頭發情的公象可能不會被你趕進陷阱，而是直接衝刺過來。

我請教沃伊特爾獵殺猛獁象的建議，他表示可以採用他們在克拉科夫斯帕茲斯塔（Kraków Spadzista）這個站點的發現，那裡的人會將一頭猛獁象從象群中隔離出來，也許是一隻看起來很虛弱或受傷的象，然後把牠逼到死角。一旦牠到達那裡，遊戲就很簡單了。

「這時就是人和猛獁象的對決。」沃伊特爾說。沒有證據顯示克拉科夫斯帕茲斯塔的巴普洛夫人曾經將猛獁象趕下懸崖，或使用繩索、坑洞陷阱或獵狗來輔助——事實上，有大量證據顯示他們並沒有採取這些做法。沃伊特爾告訴我，這場戰鬥既簡單又殘酷。「一隻體重從一噸到六噸（約為九百～五千四百公斤）不等的憤怒動物對上一個拿著棍子的獵人。」他說。

他發現的猛獁象骨架上留有的燧石箭頭，從刺入傷口的角度來看，沃伊特爾相信獵人是跟猛獁象正面對決的，而且是快速連續地發射。朝著這隻六噸重的生物的尾部射矛似乎很危險（事實確實如此），但不幸的是你沒多少選擇。猛獁象的屁股（就像大象的屁股一樣）幾乎堅不可摧。朝這裡投擲是沒有用的，事實上，當猛獁象轉身時向牠擲箭絕非明智之舉。狩獵猛獁象相當於拿紙球去丟流氓。光是投擲你的長矛還不夠，你需要造成更多傷害。需要面對猛獁象，如果你想讓長矛在撞擊時有足夠的速度，你需要靠得很近，近到有點可怕的距離。換句話說，最好的計畫是在非常靠近，甚至近到會激怒牠的距離下拋擲，想辦法讓這頭巨獸不能動彈。

沃伊特爾告訴我，目前並不清楚巴普洛夫獵人在狩獵猛瑪象時的死傷情況。他說考古學家還沒有找到足夠多的巴普洛夫人的骨骼，因此難以做出定論。但他向我保證，你的狩獵活動一定不會很安全。就算你的長矛真的擊中一頭成年的六噸重猛瑪象，牠可能會以三十幾公里的時速衝向你，而且絕對不打算留下活口。這時你是該逃跑、戰鬥還是裝死呢？

根據十九世紀專門獵捕大型動物的蘇格蘭獵人沃爾特・貝爾（Walter Bell）在一九二三年出版的回憶錄《獵象者的漫遊》（*Wanderings of an Elephant Hunter*），遇到這種情況，其實任何建議都派不上用場。「面對衝過來的大象是對一個人神經的最高考驗。」他寫道。貝爾的狩獵生涯始於十六歲，他當時為烏干達鐵路獵捕食人獅子，他寫道，迎面衝過來的大象非常可怕，所以任何提供給讀者的建議都可能毫無用處，因為「無論如何，你連思考的時間都沒有」。然而，若是你在猛瑪象迎面衝來時保持鎮定，不要驚慌，他建議你堅守陣地，繼續擲矛，並祈禱牠這次的衝鋒只是假動作。

你當然可以採納貝爾的建議，站在那裡繼續拋擲長矛。但別忘了，貝爾拿的是槍，你手上只有棍棒和石頭。我從來沒有獵殺過食人獅子，但我認為你應

刺殺猛獁象時要從哪裡下手？

2萬5千年前

該逃跑。

當然，千萬不要筆直地往前奔跑。猛獁象跑得比你更快，在幾秒鐘內就能趕上你。最好是採取之字形路線來跑，儘管這稍微會降低你的最快速度，但就跟之前躲避霸王龍的逃跑路線一樣（參見第一章），這種迂迴方式或可幫你躲過一劫。猛獁象的體型與霸王龍差不多，但靈活度遠不如霸王龍，因此你要三不五時地轉個彎，並且找個東西藏身其後——不過請記住，猛獁象可以輕鬆推倒樹木，或是移動汽車大小般的巨石。

要是你真的被猛獁象追到了，牠可能會用象牙刺你，要是刺不死你，牠會改用腳來踩你。而在這個時代，在這樣的地方，一旦受重傷，恐怕就只有死路一條。

但你也許可以避免這種命運，那就是發動集體攻擊。群體獵捕時要避開大批猛獁象群，和單獨行動的那種攻擊性強的公象。然後是與猛獁象正面對決，快速連續地拋擲你的長矛，然後祈禱牠去攻擊你們狩獵團隊中的其他人，如果你碰巧是那個不幸的人，那趕快拔腿走人吧！

如何在古埃及生存？
RUN——

假設你這次的時空旅程，是要體驗在炎夏進行戶外工作的感受，不在乎把自己弄得髒一點、做一些體力活，並想鍛鍊出一點肌肉，最好還可以順便曬出一身古銅色。於是你穿越回公元前兩千五百五十年的古埃及，去為當時的古王國擔任暑期工，參與一項堪稱是人類歷史上最偉大的社區服務計畫——為法老王胡夫建造陵墓。古埃及人稱這陵墓為胡夫地平線（Horizon of Khufu）。你可能對它的另一個名稱比較熟悉：古夫金字塔（The Great Pyramid of Giza）。

在埃及炎熱的夏季時節，你將從早到晚地工作，連續四個月，每天要拖行重達一至八十噸（約九百~七萬兩千公斤）的石頭，而且每三十天才能休息一天。你將餐風露宿，在那些以棕櫚葉繩固定綑綁的成噸石頭間來回，將巨石楔入陡峭險惡的斜坡，在這種工法遭到禁止前，至少有一千六百名攀爬金字塔的工人墜落身亡。你將經歷一段極度消耗體力的勞動之旅，從目前發現的金字塔工人墓地來看，大多數都患有嚴重的關節炎，有些人甚至失去手腳，工人平均壽命為三十五歲。更糟的是，你還得穿著露趾鞋來從事所有這些苦力活。

倘若你不是在這段長達二十五年的工程期間隨意出現，而是剛好在這座金字塔的高度蓋到一半時加入，那麼你到達古夫時，就可以參與搬運人類史上最令人讚嘆的一塊岩石，並且見證那令人匪夷所思的放置工法；這是一塊八十噸（約七萬三千公斤）重的黑色實心花崗岩板，其重量相當於是復活節島上最大的摩艾石（Moai），埃及人不知是透過何種方式，竟然將這塊石頭抬到胡夫墓室的天花板上——離地面約兩百一十公尺。

小心你的腳趾。

大多數的考古學家認為埃及人是在二十五年的時間裡，完成這項總工程用到兩百萬顆石塊的建築物，這意味著他們只動用一個世代的一群人就完工了，這批人在白天時工作，平均每天每五分鐘就完成採石、拖運和放置一塊重達五千磅石灰石塊的任務。埃及古物學家同時也是考古學家的理查．雷丁（Richard Redding）告訴我，這項工程計畫非常浩大，影響層面廣泛，可能牽涉到全國人口，也就是當時一百萬古埃及人的生活，對勞動力的大量需求可見一斑，這也意味著即使你的履歷上沒有金字塔建造經驗，應該也不用擔心找不到工作。

雷丁告訴我，若是去參與金字塔建案，在那邊搬石頭，你遇到的同事既不是奴隸，也不會是全職工人，而是農民，胡夫之所以徵召他們前來，參與這項為期四個月的殘酷的建造之旅，是因為尼羅河每年夏季都會氾濫，在這段期間他們也只是無所事事地閒在那裡。與一般流行的傳言相反，金字塔不是逼迫奴隸來做苦役，而是由自由之身的埃及人一手打造的，但這也不代表你可以自由離開。古埃及人的義務勞動，跟我們現代人對義務勞動的理解很不相同，在今日世界，已找不到能與之完全對應的活動，不過這可能類似於徵兵或義務兵役的概念。這是胡夫對當地民眾徵收的稅，只是繳納的形式是勞動，而不是金錢。逃稅不會是一項好選擇，古埃及人對逃稅者的懲罰包括毆打、監禁，有時甚至會動刑殘害。

身為應徵入伍的農民，你將在七月中旬沿著尼羅河航行，這時來自衣索比亞高地的季風降雨會到達埃及，造成尼羅河水位暴漲，遠遠超過冬季河岸。尼羅河每年的洪水為這個沙漠國家帶來生命，它帶來的沉積物和水將會滋養這片乾涸土地的河岸，讓這裡的生產力瞬間提升，變成當時世界上一處豐收的農業區，但洪水期也讓古埃及農民的生活陷入停滯，必須等到洪水退去才能返回田地。

加入這群勞動團隊後，你將會從埃及南部的農地附近上船，沿著尼羅河駛入古夫高原的港口，那裡可以讓上千艘船隻，直接抵達這項大型國家工程建設的現場，將工具、石頭、食物、材料和工人運送過來。當你到達港口時，會看到蓋到一半的古夫金字塔，巨大的建築物這時已在高原上豎立起來，約有六、七十公尺高，其側面覆蓋的白色石灰石閃閃發光。不過也許更令人印象深刻的是金字塔下方的大型工作營，這個壯觀的場面即將進入你的視野。

長久以來，埃及古物學家認為金字塔的建築工應該就住在附近，但在一九九〇年以前他們都沒有找到工作營地，直到有一名騎馬的遊客被突出沙地的石牆所絆倒，這才發現了一座複雜度和規模都很驚人的城市。

在埃及農民的日常生活中，很可能根本沒機會見識到超過百人的場面，但當搭船進入古夫港時，在前方等待他們的是多達三萬人的工作營。這個營地不只是為了工程計畫而搭建，在其鼎盛時期，算是當時世界上數一數二的大城。當中設有麵包店、魚類加工設施和牲畜飼養場，所有這些都是為了要大規模生產食物所設計的。那裡還有一系列大型的營房，很像是軍營，能夠容納至少兩千人——但這不是給你這類幹粗活的人住的，勞工階級沒有獲得一張床的資格，甚至連遮蔽的屋頂都享用不到。雷丁告訴我，考古學家最初認為，像你這樣臨時加入的勞工就是住在這些城市裡的。但他說現在的主流觀點是，這些營區太小，不可能容納大量的季節性工人。他們現在推測，只有船員和遠道而來的重要人士才能睡在裡面，像你這樣的勞工只能露宿街頭。

要融入工作團隊，你需要從眾隨俗，表現得合群一點。埃及男性工作時穿的服裝類似蘇格蘭短裙，裡面什麼都不穿，而女性則穿著窄長的連身裙或有肩帶的緊身衣。男人經常打赤膊——但其實你不應該這樣穿。當地氣溫經常達到攝氏四十三度，因此最好穿上亞麻襯衫來防曬；露趾皮革涼鞋是當地典型的鞋款，即使在搬運和楔入那些數噸重的石頭時，大家也是這樣穿。也許讓你覺得更無奈的是工人的傳統髮型，這有點類似今日的碗形切（bowl cut），就是類似一個碗扣在頭上的樣子，相當於一般俗稱的「馬桶蓋」、「蘑菇頭」之類的。

好在法老提供的員工伙食不錯，大多數農民在搭蓋金字塔時可能比在家裡吃得更好。那些技術熟練、有住房的工人每天會吃到四分之一磅的牛肉，這絕對是非常高規格的奢侈福利，因為當時的牛隻必須放牧在遙遠的三角洲牧場，而且一頭牛的成本相當於埃及工匠一年的工資。考古學家在那裡發現了非常多的骨頭，這讓他們相信這個營地每天會消耗約四千磅的牛肉，這後面需要有龐大的物流來支應，這也證明胡夫在興建他的陵寢時，真的是不顧血本地投入大量資源。

無奈這般待遇只有技術高超的工匠才能享用，像你這樣的尋常勞工是吃不到的。雷丁說，從事一般體力活的人可能會吃鯰魚、山羊或燉牛腳，還會分到一大塊已經變硬的麵包，你得將麵包浸入啤酒中，軟化一下，方能入口。你可能會想，飯後還要到非常陡峭的斜坡邊緣上，搬運和堆疊數噸重的石塊，這時喝啤酒似乎有點危險，關於這點你倒是無須擔心。至少，不用害怕喝酒會導致你的精神渙散。埃及啤酒比較接近有營養的精力湯，酒精濃度並不高，這是一種讓人有飽腹感的飲料，帶有康普茶的那種輕微發酵味。

早餐後，帶著裝滿啤酒、麵包和牛蹄的肚子，你會加入二十人一組的工作小隊，和他們一起出發，如果你分配到採石小組，你會領到一把銅製的鑿子。銅的質地很軟，並不適合用來鑿岩，但已經比那個時代的其他替代品來得更好，而且這是來自紅海對岸的小型銅礦，所費不貲，千萬不要搞丟。埃及官員會竭盡全力確保這些銅鑿不會遺失或被偷，甚至還會將每個工人帶進採石場的銅鑿加以秤重，要是你回來時，重量變輕，恐怕少不了一場盤問。

然而，身為季節性工人，你不太可能被分配到採石場。採石工人屬於全年性的工作，他們要準備好大量的石灰石塊，等到夏季勞動力激增時，就可將這些搬運到位。而你就屬於這批勞工，所以在享用早餐後，你和其他人就要開始搬運岩石。

你可能會認為，這些徵召來的勞工心情會很低落，畢竟他們的稅收、時間和大量體力全都耗在這項工程上，要來打造這樣一座立在沙漠中的巨石塔。但就那些塗鴉中的象形文字來看，這些勞動者間形成了一種團隊精神，這批人給自己取了「國王的酒鬼」（The King's Drunkards）或「胡夫之友」（Friends of Khufu）等隊名，還會互相競爭和開玩笑。他們似乎不是在孤獨的痛苦中搬運岩石，而是陶醉在集體的苦難中。

至於他們實際移動這些石頭的方法到底為何，從古至今一直是個謎，早在公元前四百五十年，從古希臘歷史學家希羅多德（Herodotus）讚嘆這些雄偉的金字塔以來，學術界一直對建造方式爭論不已。目前發現的圖像和文字只有描述他們生活中的一些枝微末節，還尚未找到有象形文字準確描述埃及人建造他們雄偉金字塔的工法。這段模糊不清的空白讓人提出千奇百怪的理論，從古代的希羅多德到拿破崙，全都有各自的主張，有人認為是利用滑輪，還有的人推測是外星人傳授給埃及人這些技術。

雷丁告訴我，根據最近的考古發現，似乎找到了一個真實性相當高的答案：金字體的建築工程並沒有牽涉到什麼取巧詭計——沒有外星人，幾乎也沒有用到任何技術。雷丁進一步解釋，他們主要用的就是繩索、座橇、坡道，以及當中最為關鍵的要素：人工拉力，而這可是耗費體力，完全違反大家熟知的職業安全規範，工人還得冒著傷到韌帶甚至肢體的高風險。

考古學家發現了這些座橇和繩索，以及說明如何使用這兩者的象形文字。在一張傑胡提霍特普（Djehutihotep）陵墓的圖像中，畫有一百七十二名工人僅使用繩索、座橇和一條用水潤滑的水道，在平坦的地形上將一重達五十八噸（約五萬三千公斤）的巨大雕像拖行了三、四十公里遠。學者一致認為，埃及人就是透過這種方式將石灰岩塊拉上坡道，等到金字塔建成後，再將這條水道拆卸。但正如埃及古物學家馬克．萊納（Mark Lehner）所言，這套坡道系統的設計仍是「整個金字塔建築問題中最棘手的一個」。

問題在於，金字塔的每項設計都牽涉到各種得失權衡的考量。首先，坡道的斜度必須要在合理範圍內，以減少輸送團隊在往上拖行時的壓力，但若通往塔頂部的運輸坡道太過平緩，這坡道本身的建材就可能超過整座金字塔。因此這個選項看起來不太可行。

第二個方案是採用之字形運送（這是攀登陡坡的典型方案），但這需要牽引團隊在用細長繩索拉動石頭的同時以某種方式急轉彎。最後一種是直接使用金字塔面本身當作運送坡道，但這會需要長到不可思議的繩索。

換句話說，金字塔的建造者一定建造了一條坡道——但它不可能很長，也不可能太短，當然也不可能有任何轉彎。現在你知道問題出在哪裡了，而每個學者所支持的理論，都對應到他們認為比其他問題稍微容易克服的方案。

不過雷丁告訴我，最近在古夫石灰岩採石場的考古發現，為希羅多德想不透的問題提供了一個不容置疑的答案。他們發現，金字塔的建造者在距離金字塔底部僅約四百公尺處挖掘坑道。考古學家在採石場底部的碎石和碎片下方發現了一條舊坡道的遺跡，斜坡的坡度是百分之十一，這是上升至地表的合理斜度。今天，這坡道看似停在採石場的頂部。但雷丁告訴我，如果繼續沿著坡道的軌跡走，將會到達金字塔的西南角，整個爬升高度約為一百二十公尺。這只是距塔頂四分之一處的地方，但在這個高度，已經有一半以上的石灰岩塊鋪設好了。

雷丁推測，從那裡開始，運送坡道是沿著金字塔的背面向上環繞，途中會遇到一些小角度的轉彎，這還在搬運工可以承受的範圍內，因為越往金字塔頂部而去，所需的石塊越小。等金字塔完工後，工人便拆除了所有的運石坡道，並將這些石材傾倒在一處顯而易見的地方——他們之前挖坡道的大坑，這也解釋了何以會在採石場中發現大量石屑。

現在看來很清楚，要將石塊移到金字塔上，你不會用到什麼先進的槓桿技術、外星人的幫助——實際上任何技術都用不到。你只需用座橇將石塊從採石場底部拖到約四百公尺的長坡上，而這坡度相當平緩，大概是美國坡度最高的高速公路的兩倍。

就跟任何需要大量勞動的工作一樣，在開工的前幾天總是最危險的時候。一開始，因為你的身體還沒適應埃及夏季四十幾度的炎熱，因此無法有效出汗，而且心跳也會過快，這時的你根本沒有搬運岩石的能力，也不習慣在這些條件下工作所需的水分。根據美國職業安全衛生署（ＯＳＨＡ）的統計，幾乎一半與高溫相關的死亡都發生在工人上班的第一天，有超過七成是在第一週。

大金字塔

可能的建造方式

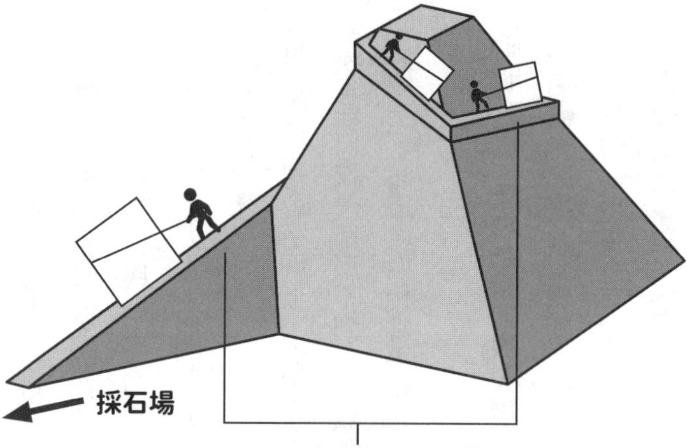

如果你感到頭暈、頭痛、肌肉痙攣或噁心，趕緊躲到陰涼處。要是上述這些症狀演變成嘔吐、脈搏微弱或神智不清，那可能就來不及了。在現代，也許還可以靠靜脈注射保住你的一條命。但是在那個時代的埃及，可是連冰都沒有。

這時你可能很想要衝進尼羅河裡，泡在水中涼快一下，但勸你最好不要這麼做。這條河充滿了血吸蟲，這是一種寄生在血液中的扁平蠕蟲，會穿過皮膚，通過靜脈系統到達肝臟，在成熟後還會沿著腸壁產卵。在感染四到六週後，會開始發燒，還會變得昏昏欲睡。最終，這場感染會變成一種慢性病，按蟲卵流動的位置，可能會導致腸道疾病、癌症、癲癇或死亡。美國疾病管制預防中心（CDC）認為這種寄生蟲對健康的破壞很大，僅次於瘧原蟲[24]，考古學家在許多古埃及木乃伊內都發現這種寄生蟲。[25]

工地意外也是一個重大問題。

光是攀登金字塔就夠危險了，更別提還要在金字塔上操作數噸重的石塊，或推或拉，或是撬動和調整。金字塔的正面當然不會垂直於地面，不過斜度可

24 編註：Plasmodium，一類單細胞、寄生性的囊泡蟲藻類，會使人類感染瘧疾。

25 原註：我也感染過這種特殊的寄生蟲，我可以肯定地告訴你，這時你絕對不會想去拖沉重的石頭。

能也會高達五十二度，要是你不慎摔倒，在落地前你可能會先往側邊重摔過去。難怪在古夫工人墓地裡的骸骨中，經常會發現有嚴重骨折的跡象，不論是在手臂、腿部還是手掌處。所幸，這當中許多的骨折都已癒合，這意味著當時有醫師用夾板將其固定；有些人似乎在截肢後還得以倖存。因此，要是你在工地受傷了，似乎可以得到醫療護理——不過還是得看你的疾病種類，來考量是否應該接受當地醫師的治療。埃及醫師在骨科外傷這方面的醫術算是相當熟練，在莎草紙[26]上有描述鼻骨斷裂的治療方法，這與今天的治療方法其實相去不遠。不過在關節炎、雜病或寄生蟲等體內或間接引發疼痛原因的治療上卻沒有那麼有效。記載當時醫療的莎草紙上有大量讀來令人作嘔的疾病處方，包括動物糞便、死蒼蠅和老鼠肉。就這些當時開立的處方來看，要是你受傷的原因很明顯，像是被落石壓傷了手臂，那你應該尋求醫療護理；但要是覺得微恙或不舒服，還是別去找埃及大夫。

當你將一塊石灰石塊從採石場拖到金字塔的工作平台上時，需要將它們先給這座金字塔的建築首席總監赫米烏努（Hemiunu）過目，他是胡夫底下位高權重的大臣，也是所有皇家建設計畫的總監[27]。不過建造大金字塔所需的建築概念幾乎都不是出自他的手筆，而是先後來自伊姆霍特普（Imhotep）和胡夫的父王斯內夫魯（Snefru）。伊姆霍特普是左塞爾（Djoser，胡夫的曾祖父）國王的御醫、建築師和大臣，他革新了埃及傳統的馬斯塔巴（mastaba）長凳造型的陵墓，設計出金字塔的前身。他建造出來安置左塞爾國王遺體的墳墓不再是一張長凳造型，而是一系列相互堆疊的長凳，就像一顆巨大的婚禮蛋糕。

斯內夫魯國王延續了伊姆霍特普的構想並加以改進，他開發出一套建築工法，能夠將伊姆霍特普的婚禮蛋糕造型，轉變成後來享譽世界的埃及金字塔造型，擁有相當平滑的塔面，不過這項建築的研發可是所費不貲。

在前兩次建造金字塔的嘗試中，斯內夫魯國王犯了幾個嚴重的錯誤。首先，他選在土質鬆軟的地面上建造金字塔，再加上塔面的角度太陡，讓第一個錯誤

26 編註：古埃及人廣泛採用的書寫材料，它用當時盛產於尼羅河三角洲的紙莎草的莖製成。

27 原註：近來金字塔的首席建築師的身分在學界引發了一些爭論。在大半的二十世紀中，埃及古物學家在解讀大金字塔下方赫米烏努墳墓上的象形文字後，一直相信他就是金字塔的首席建築師，因為這就是陵墓文字所記載的。但是在二〇一三年，考古學家在紅海沿岸的一處遺址發現了一位參與金字塔建造者的日記，開始質疑起過去的說法。這張重要的莎草紙是迄今為止發現最古老的一張，由一位名叫梅雷爾（Merer）的官員所寫，他負責將金字塔的白色石灰石塊從圖拉（Tura）的採石場運到古夫。梅雷爾在當中寫道，胡夫同父異母的兄弟安赫哈夫（Ankhhaf）擔任該計畫的總監。到底誰才是真正的金字塔建築師，這恐怕要由你自己來決定。

變得更難以彌補。陡峭的側面對金字塔的外緣施加巨大的壓力，隨著金字塔的增高，外緣逐漸沉入沙地中。斯內夫魯的第一個建案在還沒完成前就倒塌了，而他第二次蓋的彎曲金字塔（Bent Pyramid）則出現了嚴重的裂縫，迫使他不得不在建造過程中大幅減小金字塔的角度，也因此這座金字塔會得到這樣奇怪的名稱。斯內夫魯確實完成了彎曲金字塔，但出於美觀或穩定性的考量，他並未使用。他只是從這次的失敗中吸取教訓，最後在堅固的岩層地基上成功建造出埃及第一座真正的金字塔——紅色金字塔（Red Pyramid）。然後，他將自己的建築知識，連同他的痴迷和執著，都傳給了他的兒子胡夫和他的建築師（也就是你現在的頂頭上司）赫米烏努。

赫米烏努選擇古夫高原來為他的胡夫國王建造金字塔，這可能是因為此處靠近尼羅河與合適的石灰石採石場，不過也許最重要的一項因素是：當地的石灰岩基岩相當堅固。這片岩床的品質很好，從東北向西南延伸，穿過高原，這也解釋了何以三座古夫金字塔會採對角線的走向排列。

赫米烏努顯然有從斯內夫魯先前的錯誤經驗中吸取教訓，他不僅選擇在基岩上建造，而且還特別留意金字塔的地基，不輕易放過任何一個細節。現代建築師計算出，這座大金字塔的底座約有十個足球場大小，而整個區域相當平整，誤差不到半英寸，而他竟然只靠著木製的A形框架和鉛垂線來完成這一壯舉，一塊又一塊地仔細校正不平整之處。

赫米烏努接著將金字塔的各個斜面，精確定位在基本方向上，誤差小於零點一度。而且他靠的也不是指南針，而是仔細觀察和測量夜晚星星起落的確切位置。然後，他用一根稱為肘尺（cubit）的棍子測量了金字塔的初始底座，使四個邊完全相等。最後，隨著金字塔的搭建，他不斷進行測量，以確保金字塔各面的角度正確，各個角落完美對齊。

他的設計需要精確性、專業的砌牆技術，以及斯內夫魯辛苦累積的經驗，但並不需要卓越的數學能力或建築天才。古夫金字塔其實並不能證明埃及的科學或技術成就，但它確實展現出他們非凡的官僚體系。金字塔的建造工程代表著將一個國家的資源，整合到單一目標的卓越手法，就像過去打造原子彈的「曼哈頓計畫」[28]一樣，這也是結合一世代的人的心血和努力而興建的。為了建造

28 編註：Manhattan Project，是第二次世界大戰期間研發出人類首枚核子武器的一項軍事計畫，由美國主導，英國和加拿大協助進行。

他的偉大陵墓，胡夫將整個國家的行動同步到一個目標上：他從零開始打造出當時世界上數一數二的大城；在二十多年間為前來參與工程的人提供住房和食物；安排橫渡紅海到對岸開採銅礦的事宜；前去阿斯旺（Aswan）開採黑色花崗岩，並將其運送回來，前去圖拉（Tura）開採和運輸白色石灰石；每年組織數萬名徵召而來的農民。為了建造他那座偉大的金字塔，胡夫幾乎影響到舉國上下所有臣民的生活，合計超過一百萬，引導他們朝著同一目標邁進。

為了要因應這一巨大的組織挑戰，胡夫僱用了大量的公務員，就人均比例來看，堪稱是史上最多的，接著他便採用類似現代軍隊的組織方式，來構建他的官僚體系。他手下有數以萬計的政府員工，分派在四個政府部門：皇室、軍隊、教會和政府。為了徵用興建金字塔的資源，政府財務部門的員工得前往全國各地，向埃及四十二個行政區，也就是所謂的諾姆（nomes），跟每個首長收稅。由於古埃及在當時的稅收不是以金錢形式繳納，而是採用一套以物易物的複雜交換系統，因此稅收取決於各區的生產情況。例如，尼羅河三角洲的諾姆主要收入來自牛隻，而在南部則是以穀物為主。稅率約是收穫的一成左右，但財政部並沒有量測每個農民的產量，因為這會間接驅使農民隱藏他們的農產，他們使用的是「尼羅米計」（nilometers），測量尼羅河洪水的高度，並參考過去幾年的產量作為依據，最後根據每個地區過去在這些條件下的生產量，來決定徵收的稅額。在興建金字塔時期，每一地區的稅收有部分是以勞役來支付，就是你們現在所提供的這四個月的苦力勞動。

我向哈特福德大學（Hartford）的埃及古物學教授柯琳．達內爾（Colleen Darnell）請教，若是我們要去從事這些勞動，應該要特別注意什麼，她告訴我，就古埃及的典籍來看，這個文化具有明確的道德標準：「不要偷竊；不要在工作時喝酒，抱怨會引起他人的反感。」這樣看來，即使你在埃及夏日豔陽下連續工作二十八天，我勸你還是盡量保持鎮定。

在你這趟旅程中將會面臨到很多危險，舉凡寄生蟲、酷暑、疾病、食物和攀高，但沒有什麼比跟著一群人，在隊伍中拖行八十噸重的黑色花崗岩石塊更危險。

從在傑胡提霍特普發現的象形文字來看，古埃及人會組織他們的拖拉隊伍，每個拖行工要使出大約一百五十磅（約六十八公斤）的力量來拖拉（這大約是在平坦道路上推動一輛大型汽車所需的力）。就目前對拔河運動員的研究來看，一般運動員可以使出的拉力相當於自身體重的一點五倍，因此，如果你是個健康的成年人，要拉動這個重量當然是可能的，但這大幅超出了職業安全衛生署建議的五十磅（約二十三公斤）。埃及人這種近乎虐待勞工的情況，或許可以解釋在金字塔工人墓地中的發現，那些約三十歲的骸骨，在背部和膝部都出現嚴重的退化性關節炎跡象。好在，要是你使用正確的用力技巧，就可以減輕這些退化性損傷。

我向英國拔河協會的秘書長米克．庫柏（Mick Cooper）請教要如何安全地拉繩，有五十年拔河經驗的他提供了一些建議：首先，不要採用「嘿喲！嘿喲！」的策略。「這是在園遊會上為了爭奪一桶啤酒所採用的拔河方式。」庫柏說。真正的比賽選手會持續地施力。第二點是要保持雙臂伸直，向後傾斜，並用雙腿來「**推動**」。他說，業餘愛好者經常在拉繩子時大喊「用力拉」，但這是錯誤的方式。應該使用更強大的背部和腿部肌肉來推，而不是拉，而且在用力時要將身體向後傾斜，以保持背部挺直。這樣的姿勢和用力方式應該有助於避免受傷。在一項針對一九九八年世界拔河錦標賽選手的研究中，背部扭傷幾乎占參賽者受傷的一半；手部受傷也占很大的比例。要避免這些傷害，切記千萬不要將繩子纏繞在你的手臂、手指或任何其他身體部位。繩子產生的張力不僅容易弄壞身體，要是你的同伴有個什麼閃失，你可能整個人會被滑動的岩石拖行。

不幸的是，在拖拉這麼重的物體時，還有比拔河更嚴重、更可怕的危險。在拉巨石的繩索上添加人力時，力量不會出現遞減效應，這正是為什麼古埃及人能夠拖得動八十噸重（約七萬兩千五百公斤）花崗岩石塊的原因，但這也意味著這力量的規模可能遠超過一般人直覺的想像。古埃及人很清楚這種人類牽引機的威力，倒是許多現代人不明白聚集大量牽引部隊會產生多大的力量，偶爾還因此造成悲劇性的慘案。

一九九五年六月六日，有群童子軍在德國法蘭克福舉行了一場高達六百五十人的拔河比賽。當五、六公分粗的尼龍繩斷裂時，以飛快的速度向後折，造成最前方的兩名童子軍死亡，並造成另外二十五人受傷。其他大型拔河比賽也造成手臂、手指被切斷、手被壓傷的情況。一九九七年十月二十五日，在台灣也辦了一場一千六百人的拔河，他們對繩索施加的力量高達了十八萬磅

（約八萬公斤），遠超過這條繩子承受力道的兩倍。線子斷後，向後撕扯的力量大到足以將隊伍最前方兩人的手臂扯斷。

假設埃及人真的是按照傑胡提霍特普象形文字所描繪的原理，來拉動八十噸重的花崗岩，那麼要將這塊巨大岩石拉上坡度為百分之十一的斜邊時，至少需要三百四十三位古埃及的勞工站在繩子的兩邊。當大家一起出力時，你將會施加足以來拉開半英寸鋼筋的力量。幸好，有證據顯示埃及人用的棕櫚纖維繩索可以承受巨大的壓力。不過，在赫米烏努下令將八十噸（約七萬兩千五百公斤）重的石塊放在座橇上，並指導你和其他三百四十三人沿著繩子排列時，最好還是想辦法避免站在隊伍前端。

如何逃離
龐貝城？
RUN——

假設你想在一個溫暖的夏日前去寧靜的海濱，享受一段羅馬假期。你想漫步在噴泉兩旁的街道上，在酒吧裡練習拉丁語、玩骰子、吃橄欖，飲用種植在肥沃火山土壤中的葡萄所釀製的地方葡萄酒，於是，你回到公元七十九年八月二十四日的龐貝，到達這座港口城市的時間，約是在上午九點到十點之間。這將讓你有足夠的時間探索，甚至可以在當地的麵包店買一條麵包當早餐（路線請參閱後面的地圖）。

但這趟旅程，也會讓你在龐貝城經歷到一場五點九級的地震，你會聽到遠處街道傳來隆隆作響的聲音，然後看見附近的維蘇威火山上方升起一片黑雲。你將看到這座高聳的山峰開始噴出大量熔岩，每秒約噴出一百五十萬噸，其所釋放的熱能相當於是二戰時在廣島投下的原子彈的十萬倍。

火山爆發期間，你就待在距離約十公里外的地方。

這時的你似乎陷入困境，在劫難逃，但令人驚訝的是，你並非毫無逃生的希望！我寫了一封 email 給法醫人類學家皮爾．保羅．佩特羅內（Pier Paolo Petrone），他在義大利那不勒的斯費德里科二世大學（University of Naples Federico II）任職，在信中我請教他當年火山噴發時，是否有龐貝人倖存下來，他回覆我說當時有很多人都逃過一劫。「但可能僅限於那些立即採取行動的人。」

有些龐貝人很不幸地沒有選擇立即撤離，而只是找個地方躲避飄落的火山灰，這看似謹慎的行動，其實是個錯誤。

所幸，你還有時間可以離開，因為維蘇威火山爆發的早期階段還不是最危險的時候。岩漿庫[29]裡的壓縮岩漿內含有溶解的氣體，因此維蘇威火山的噴口裂開時，有點像是打開一罐汽水的情況，只是這罐非常巨大，溶解在岩漿中的過熱氣體從開口噴出，以超音速的高速衝過山口狹窄的裂縫。這過程就好比噴射引擎，當熔岩和灼熱的氣體從山口噴出時，這座地獄般的高聳熔爐吸入周圍的冷空氣，瞬間將其加熱，產生一股向上的熱流空氣，一路呼嘯而上，直衝平流層。

這個方向很好。這時的雲層的溫度足以熔化鉛，因此大氣層高處可說是最

29 編註：magmaChamber，是在地下約一至十三公里處由熔岩及火山灰氣體形成的直徑數十公尺至數十公里的熔岩集合庫。

龐貝撤離路線

公元 79 年 8 月 24 日，上午 10 點左右

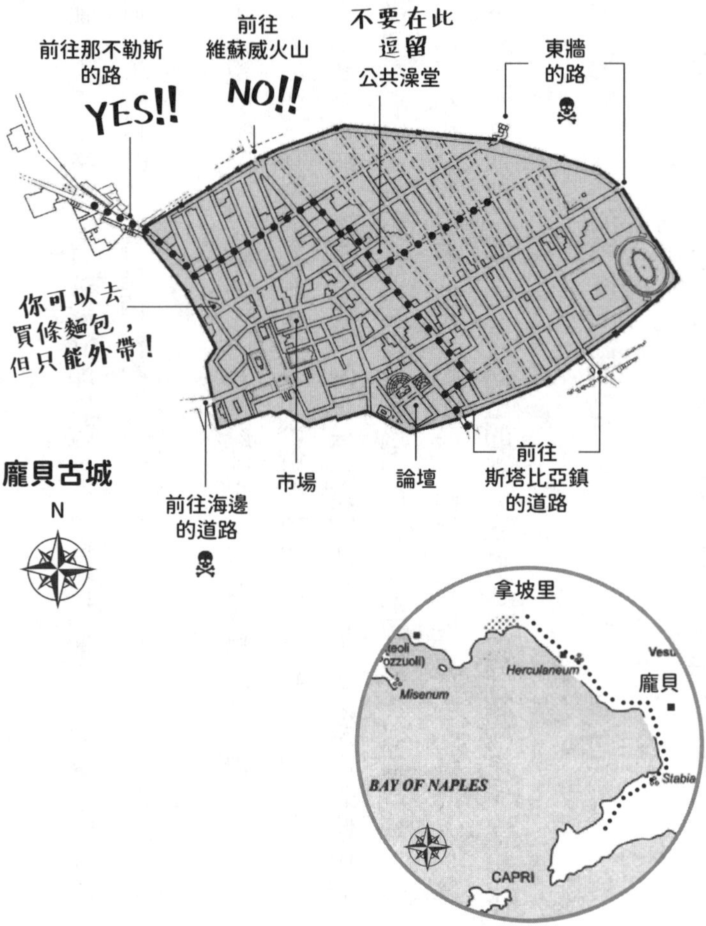

安全的地方。最終，這些熔岩在冷卻後會落下，由於八月二十四日那天吹的是西南偏南的風，因此它們都往龐貝古城落下。起初，熔岩碎片像雪花一樣落下。但隨著火山爆發的持續，落石的密度逐漸增加，開始有一般稱為浮石的火山岩掉下來，它們的尺寸和落下的猛烈速度足以打壞房屋，使其倒塌。

不過這整段過程需要好幾個小時，現在的你還有時間。

但是，千萬不要逗留，因為在維蘇威火山內部，即將開始發生另一個更危險的過程。隨著岩漿庫內的氣體流失，火山漸漸失去噴發的力道，這聽起來像是一件好事，但正好相反。

當火山雲中的炙熱火山灰，和氣體的混合物變得過於稠密時，整個噴射雲的柱體就會開始塌陷，不再上升到大氣層幾公里的高處，而只會上升幾十公尺，然後就開始墜落。火山雲下降時會加速，因此到達地面時，就像是一場發燙的沙塵暴，還是以高速移動，這些「火山碎屑流」的溫度可達到攝氏九百八十二度，而且當中的顆粒濃密，足以使人窒息，其長度綿延好幾公里。二十五日凌晨，火山碎屑流奪走了龐貝古城內所有人的性命。你需要在那發生之前就動身離開。

那該往哪裡去呢？你有兩條逃生路徑可選。往東的路有山脈阻擋，往西則有地中海。你還是可以試著在海灘上等船，不過就下面三點來看，海路可能不是你最好的選擇。首先是考古學家在赫庫蘭尼姆附近的船艙中，發現了一大堆屍體遺骸，似乎就是當時想要渡船避難的人；再來是當時盛行的風向剛好逆風，對你不利，最後一點是那不勒斯灣的地震引發了許多海嘯。

佩特羅內告訴我，唯一能夠逃過死劫的兩個選項，是往北跑去那不勒斯，或是向南跑去斯塔比亞鎮（Stabia），儘管這兩條路也都各有難關，但至少當中都沒有整個人被融化在熔漿中的風險。

火山爆發時心中自然而然會萌生恐懼感，但我們通常弄錯真正該害怕的對象。就其成分來看，熔岩的黏度是水的一萬到一億倍，這表示，即使是流動速度最快的熔岩，其黏度就和室溫下的蜂蜜一樣，除非你身處在一個非常陡峭的斜坡上，不然你通常都可以跑得比它快。加州大學柏克萊分校的火山學家史蒂芬·塞爾夫（Stephen Self）表示，儘管這些熾熱的岩漿會將房屋等靜止的地上物夷為平地，但「人是可以避開的……在一般的情況下」。

你真正需要擔憂的，其實是山下的岩漿及其確切的成分。不同類型的岩漿會有截然不同的噴發方式，水狀的岩漿與濃稠的岩漿很不同，它們不會產生這麼大的壓力，當中含有的氣體也較少，所以這意味著當它們噴發時，通常是滲出而不是爆炸；相較之下，黏性高的岩漿不易流動，需要更大的壓力才會噴發，因此通常噴發的頻率偏低，問題是一旦噴發，就是爆炸式的場面。維蘇威火山內部的岩漿質地特別黏，這一特性對現在的你來說很不幸，而這在一定程度上也解釋了，為什麼這次的火山爆發指數（Volcanic Explosivity Index）能夠拿到駭人的五分（滿分是八分）；爆發規模的指數是以對數來表示，五分的規模與一九八〇年爆發的聖海倫斯火山[30]同等級。所幸，拿到滿分八分的噴發相當罕見，最近一次這種滿分等級的噴發，出現在兩萬六千五百年前。當時紐西蘭的陶波山（Mount Taupo）爆發，摧毀的面積約有兩萬平方公里，相當於是薩爾瓦多整個國家的面積。

火山的爆發力在很大程度上，取決於岩漿形成以及到達地表的方式，這個過程與一般人腦中想像的那種，從地球熔融核心冒泡而出的畫面完全不同。在

30 編註：Mount Saint Helens，美國華盛頓州斯卡梅尼亞郡的一座活火山，位於西雅圖市以南一百五十四公里，波特蘭市東北八十五公里處，是喀斯喀特山脈的一部分。

地球深處下沉的地殼，因高熱而融化時並不會形成岩漿（至少不是直接形成），因為那裡的高壓會加強岩石分子的化學鍵結，提高了岩石的熔點。因此，即使地球深處的熱量上升，壓力上升，地函仍然維持在固態。

岩漿的形成需要的是特殊條件，也許是接近地表的一股不尋常的上升熱量，不尋常的壓力下降或是罕見的污染物（通常是水）進入地函，降低其熔化溫度。[31]

你目前在龐貝城的困境可以歸咎到最後這一項。

世界上許多爆發力最強大的火山，都是在水侵入地函的過程中形成的。水可以滲透到海洋下方的板塊結構中，由於水會降低板塊的熔化溫度，這種看似無害的滲入，其實就是走向極其不穩定的反應的第一步，最終導致了史上一些災情最慘的火山爆發，好比一八八三年的喀拉喀托火山[32]。至於在你目前身處的龐貝城這一帶，剛好是在一斷層板塊上方，這是亞得里亞海下方的非洲板塊的一小部分，它沿著義大利東海岸滑動到歐亞板塊下方（至今仍在繼續滑動）。

當結構中含有水的海洋板塊沒入到大陸板塊下方，往地球較溫暖的核心而去，弱化的地函就會融化，這時密度較低的岩漿就會冒出地表，將周圍的地殼液化，吸收新的成分。這並不一定會增加火山的破壞力，但也許是命運使然，維蘇威火山剛好位在一處厚厚的石灰岩床上。石灰石（$CaCO_3$）遇熱會產生氧化鈣和二氧化碳（CO_2）這一恐怖的火山爆發組合。換句話說，身在龐貝城的你就處於**碳酸**（carbonated）岩漿的危險區。

更糟的是，維蘇威火山前一次噴發（據信發生在公元前二一七年）時，熔岩可能在其管道系統的某個地方冷卻下來，形成一處堵塞。這個塞子可能推遲了後來維蘇威火山的噴發時間，長達數百年，因此大幅增加火山內部的壓力，所以當岩漿最終推動岩石、震動大地，並從維蘇威火山頂部的噴口流出時，展現出驚人的強大威力。

在熔岩減壓之際，二氧化碳和硫磺氣體便會迅速從液體中逸出，形成以岩漿為燃料的噴氣引擎，推動由火山灰和氣體組成的上升噴射雲，這稱之為普林尼柱（Plinian column）——以紀念維蘇威火山爆發時，在對面的那不勒斯灣記

31 原註：水會削弱岩石分子間的化學鍵，從而降低岩石的熔化溫度。換句話說，水對岩石的效應就像撒鹽在有冰雪的道路上一樣，鹽水的凝固點會降到零度以下。因此，撒鹽後，融化的雪水不易結冰，可提升交通安全。

32 編註：Krakatoa，位於印度尼西亞異他海峽中的火山臼。

錄整個過程的小普林尼（Pliny the Younger）。維蘇威火山的這根雲柱高達二十公里，遠高於目前多數客機的飛行高度。

不過維蘇威火山爆發的問題不僅在於規模，也跟住在附近的居民有關。我向美國地質調查局的火山學家和榮譽科學家詹姆斯·摩爾（James Moore）請教，問他在火山爆發時的最佳逃離方法為何，他說答案很簡單：「不要住在火山附近！」

然而，這個建議講起來容易，但在執行上卻很困難。羅馬人之所以選在火山腳下建造城市不僅是因為他們運氣不好，火山區通常會吸引人類社會進駐，因為過去噴發後會留下營養豐富的土壤。若是龐貝人有進行任何的挖掘考古，可能會發現在公元前一九九五年維蘇威火山就曾出現大規模爆發，也會找到火山摧毀青銅時代人類聚落的證據。可惜他們沒有。[33]

總之，你和其他龐貝人很快就會明白，在距離維蘇威火山口約十公里的你們只有兩個選擇：向北跑或向南跑。

如果你選擇向南跑，遠離維蘇威火山，很難說你需要走多遠的距離才算安全。我們知道，你至少需要跑過大約在七點二公里外的斯塔比亞鎮，因為老普林尼（小普林尼的叔叔）於二十五日早上在那裡去世。另外還有一點，要是你朝南跑，就等於是沿著盛行風[34]的風向跑，這意味著來自普林尼雲柱的灰燼和浮石將會不斷地降到你身上。起初，火山灰是像軟雪一樣落下，這似乎還可以想辦法躲避；但隨著火山爆發的持續，情況只會變得更加嚴重；最終，落下的雲層將變得非常厚重，白天也宛如黑夜。小普林尼在筆記中是這樣描述這份黑暗的：「與其說這裡好比無月或多雲的夜晚，倒不如說是被困在一間燈光熄滅又上了鎖的房間裡。」

我問佩特羅內（Petrone）那些逃出龐貝城的人去了哪裡？他寫信回覆我，有證據顯示他們成功逃往北部和南部。然而，他建議你向北逃往那不勒斯，並朝著火山爆發地前進。他說，在那時期，龐貝城和那不勒斯之間的道路維護得很好，根據倖存者留下的書面紀錄，大多數成功逃生的人都是往北的，而大多數試圖逃亡者（顯然是太晚動身）的屍體都是在南方發現的。但就算你是向北跑，也需要快速移動，因為在前往那不勒斯的途中，你得經過羅馬度假小鎮赫

33 原註：或許他們確實有挖掘，但就像現代的我們一樣，還是決定賭一把，試試運氣。

34 編註：指一個地區某一時段最常颳的風，其風向稱為盛行風向，該風主要受大氣環流和地貌的影響。

庫蘭尼姆（Herculaneum），而維蘇威火山的第一波火山碎屑會流經赫庫蘭尼姆。

赫庫蘭尼姆離火山口很近，就在其東方僅六點四公里處，但在爆發的最初幾個小時內，由於位在盛行風向的逆風處，基本上沒有什麼火山灰和浮石會落在那裡。不幸的是，當維蘇威火山更深層的岩漿開始冒出，帶來第一波火山碎屑流時，加熱的氣體和火山灰就會經過赫庫蘭尼姆，幾乎立即奪走當地所有人的性命。

考古學家在這座城市發現有燒焦痕跡，這意味著，火山雲在吞沒赫庫蘭尼姆市民時的溫度，可能高達攝氏四百九十九度。由於落下的火山灰後來將那些喪命在火山雲裡的人包裹覆蓋起來，因此考古學家能夠用石膏重新填充這些空間，重現他們臨終前的姿勢，這暗示著他們確實經歷到極高溫。這些姿勢幾乎都沒有出現那種，酷熱受害者通常會擺出的、類似拳擊手的防禦姿勢，因此佩特羅內推測，在赫庫蘭尼姆的羅馬人可能死得太快了，根本來不及意識到任何的不適。佩特羅內甚至在一名赫庫蘭尼姆死者的頭骨中，發現了一塊玻璃狀的大腦物質，這顯示火山雲以極快的速度加熱此人的大腦，導致內部組織玻璃化。若是你不希望自己的腦子也轉化成玻璃，請仔細遵循下面的指示。

最晚在上午十點之前買好麵包，一看到黑雲就起身離開龐貝。好在烘焙坊就在往赫庫蘭尼姆的那條路上，相當方便，你只要繼續朝北走就可以。

赫庫蘭尼姆距離龐貝城只有十五公里左右，火山碎屑流會到下午晚些時候才會抵達。為了安全起見，最好將離開此地的時間訂在下午兩點，這意味著你有四個小時的時間，可以用時速約四點八公里的平均步行速度前進，這樣就能在下午一點抵達赫庫蘭尼姆。

赫庫蘭尼姆是羅馬上層階級的海灘度假小鎮，在這裡你會看到以大理石砌成的華美豪宅，還有收藏著古希臘和羅馬經典文本的圖書館。其中一些房子看似很適合前去避難，在裡面等待這場災難過去，但顯然這會是一個錯誤的選擇。

你只能穿過這個小鎮。若是想要確保自己的大腦不會玻璃化，至少要走到那不勒斯的郊區——還要再走個六點四公里。為了確保安全，你應該在一小時內到達，這意味著你得快走或慢跑。

這樣的速度似乎是可以達成的，但從龐貝到那不勒斯的總距離約為二十一公里。所以，除非你的身體狀況非常好，不然最好不要跑步，而是保持固定節奏的步伐。要避免在八月下旬的炎熱天氣中過勞，一有機會就喝一些水。人群和障礙物可能會減慢你的速度，但如果你快點動身的話，要離開這座城應該非常容易。因為多數居民最初都會選擇就地避難，所以你會有一個離開的大好機會，這對你的生存至關重要。「可能只有那些一開始就了解嚴重性的人才來得及逃生。」佩特羅內告訴我。也許是為了激勵那些喜歡冒險的時空旅人，他給我看了一張他發現的玻璃化大腦的照片。

如果你不想讓自己的大腦變成那樣，千萬別停下來，不要東張西望，而且去烘焙坊買點心時一定要選擇外帶。

如何逃過
羅馬大劫？
RUN——

假設你想要參觀古代的世界強國中心，去到一個訊息傳播速度還沒有馬跑得快的時代，見識一下這個統治了地球上約四分之一人口，疆域跨越三大洲，存在長達五百多年的國家；你想去參觀著名的競技場，在擁有十五萬個座位的麥希穆斯競技場（Circus Maximus）中看戰車比賽，欣賞角鬥士的交鋒激戰；你想看看羅馬帝國四處掠奪的藝術品和寶藏，然後等到一天結束時，也許你還想去傳說中的公共浴室，放鬆一下身心。

因此，你將這次時空旅程目的地，設定在公元四百一十年八月二十四日的羅馬城。

漫步在羅馬街頭，你將會欣賞到壯麗的建築奇觀，像是萬神殿（Pantheon）、君士坦丁凱旋門（Arch of Constantine）、奧勒良城牆（Aurelian Walls）和卡拉卡拉浴場（Caracalla）。你可以在競技場觀看一場表演——這比較有可能是「狩獵」一種珍奇異獸的活動，因為著名的角鬥士對戰其實很罕見。在街頭市場上你或許買得到香腸或炸魚；你可以在小酒館裡喝酒，也許還可以花些第納裡（dinarii），賭幾把羅馬骰子；然後，你可以去雄偉的亞歷山大浴場（Thermae Alexandrinae）泡個澡，放鬆一下，結束你的夜晚。這座傳奇般的豪華公共浴室，是由尼祿（Nero）皇帝建造，後來又由亞歷山大．塞維魯（Alexander Severus）皇帝翻新，這些公共澡堂是羅馬版的「豬肉桶政治」（pork-barrel politics）[35]。皇帝之所以下令建造澡堂是為了安撫民心，接受他的統治，這也許可以解釋，為什麼飽受民怨的尼祿皇帝會建造這樣一間華麗的澡堂。這裡面設有蒸汽室、更衣室和附有開放式屋頂的暖氣室，水池是由浴場專用的管道供水，水是爐子加熱燃燒，木材是取自專用的森林，所有這些都由浴場的專用稅金來支付。要是你能夠想辦法進去這間熱門的浴場，可以在冷水池中浸泡，在溫暖的池子裡游泳，或在熱水池裡泡澡。然後在那天晚上的某個時刻，也許是你泡在一座溫度恰到好處的加熱池中打盹時，會被突如其來的長鳴聲嚇到，那來自哥德軍的號角。

羅馬可能曾經是個富裕的強大帝國，足以建造這座宏偉的浴室，而這座城市也可能曾經對自己的力量充滿信心，因此覺得沒有必要建造城牆。不過盛世

35 譯註：「豬肉桶」一詞來自美國，據說是源自印地安人會與族人分享醃製豬肉，是一種傳統的政治分肥手法，也譯為政治分贓、肉桶政治、政治酬庸，多半是議員在法案中順帶附加有利自己支持者或親信的條款。

已去，在公元二七一年，羅馬開始築城牆，將自己封閉在將近八公尺高的奧勒良城牆後面，而到了四一〇年八月二十四日這天晚上，四萬名西哥德士兵衝過城牆。

整個帝國就此崩解，而你正好就在帝國要陷入被遺忘的懸崖前到達。在接下來的三天裡，阿拉里克（Alaric）[36]和他的西哥德軍隊將會洗劫這座曾經稱霸全球的帝國首都。

他們將會燒毀艾米利亞巴西利卡大聖堂（Basillica Aemellia），竊取從耶路撒冷找到的所羅門寶藏，折磨羅馬帝國的元老，並殺害其公民。正如聖傑羅姆[37]對四一六年這場劫掠的描寫：「這座著名的城市，羅馬帝國的首都，在一場大火中被吞沒；地球上沒有一個地方不存在被流放的羅馬人。世人眼中曾經神聖崇高的教堂，現在只剩下成堆的灰塵和灰燼……就好像世界的明亮之光全都熄滅了。」

西哥德軍最想要的是黃金和寶藏，而亞歷山大溫泉浴場與土星神廟毗鄰，這間神廟是羅馬的寶庫。所以你必須離開，動作要非常快。野蠻人就要來了，只剩幾分鐘的時間。

趕快拿一條毛巾圍上。

羅馬究竟是如何從統治世界四分之一人口的帝國，淪落到任憑西哥德人圍攻洗劫的地步，這一直是學界中熱門的研究主題，至少在過去一千年來都是如此，而且學者歸納出來的原因也不可思議地多。歷史學家對這帝國的衰亡提出千百種解釋，從壓榨人民的稅收到不斷日益組織化的哥德人，還有一連串毀滅性的瘟疫，甚至是大規模的鉛中毒。但正如羅馬歷史學家愛德華·吉本斯（Edward Gibbons）在他深具原創性的六本著作《羅馬帝國衰亡史》（*The History of the Decline and Fall of the Roman Empire*）中所寫的，我們無須對羅馬的衰落感到驚訝，甚至根本不用特別關切其原因，因為**所有的**帝國都會衰亡。

帝國是個複雜而充滿活力的政治體系，動搖是不可避免的，這是熱力學第二定律在人類社會中的體現。羅馬帝國真正值得注意的不在於其衰落，而是他們如何從不列顛群島延伸到中東，進入北非還持續了一段很長的時間。

36 編註：Alarich，約三七〇～四一一，西哥德王國國王，普遍認為他是西哥德王國的締造者。

37 編註：Saint Jerome，古代西方教會的聖經學者，是古教父中最有教養，最有學問的一位，也可說是古代西方教會中最偉大的學者。

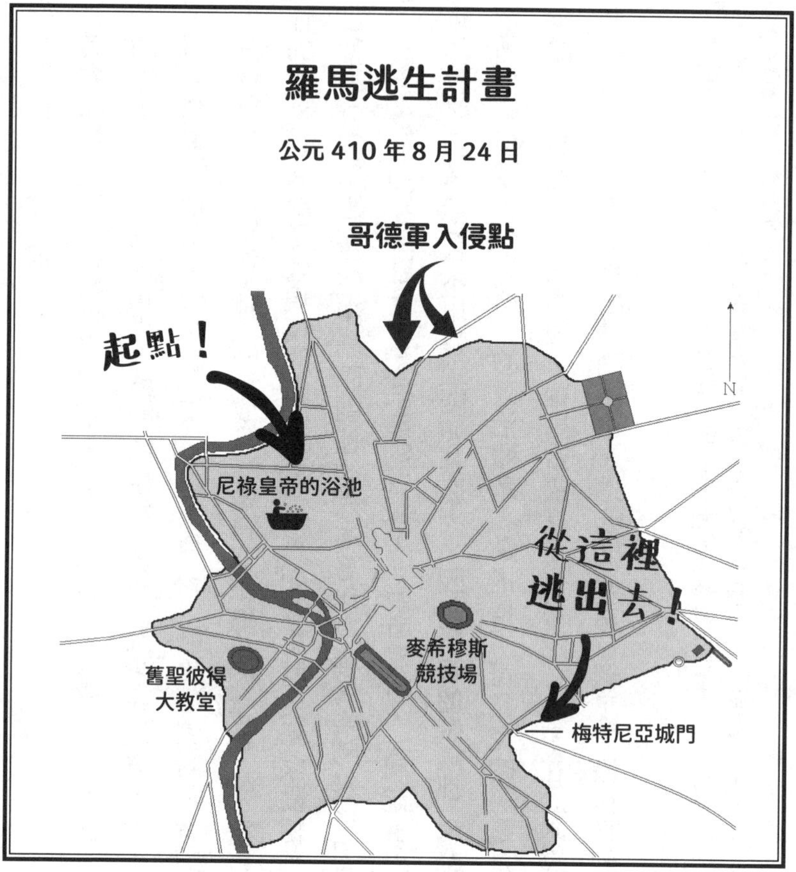
羅馬逃生計畫
公元 410 年 8 月 24 日
哥德軍入侵點
起點！
N
尼祿皇帝的浴池
從這裡逃出去！
麥希穆斯
競技場
舊聖彼得
大教堂
梅特尼亞城門

檢視羅馬的衰亡，就像是為世界上最長壽的人驗屍，不可避免地會找出很多種死因。

然而這些原因中，沒有一個比羅馬的繼承制度對這帝國的國運更具殺傷力，直接導致野蠻人劍指他們的咽喉，這制度的最大缺陷就是它完全不存在。

自從公元前四十四年，凱撒大帝（Julius Caesar）揚棄了共和國和君主制間僅存的幾道障礙以來，每次羅馬皇帝駕崩，都會引發一場微妙而危險的過渡期。凱撒的繼任者奧古斯都（Augustus）是後凱撒時代主要打造羅馬帝國的皇帝，但他也未制定出明確的繼承規則。相反地，他創造了一套頗為成功但有些尷尬的政治體系：元首制（Principiate）。在這套體系中，他握有皇帝的權力來進行統治，但同時保留了羅馬前共和國時期大部分的典章制度。例如，在奧古斯都的統治下，仍然保有元老院，但其角色變成他的統治機構而不是監察皇帝。奧古斯都的這套元首制為羅馬帶來近兩百年的繁榮，史稱「羅馬和平」（Pax Romana），但這並沒有解決繼承問題。奧古斯都不能任意宣布他的繼任者，這樣就等於是粉碎了羅馬共和國的幻象，所以他只是含糊帶過。羅馬皇帝不像後來的歐洲王國那樣是由長子繼承王位，儘管由長子繼承存在性別上的歧視，也無法避免攀親帶故的裙帶關係，但至少這是一項規則，羅馬皇帝的皇位則複雜得多，要透過幕後交易、暴力、掌握時機，和親近權謀等種種組合才能爬上大位。即使在相對穩定承平的時代，這個過程也會導致一系列致命、危險且經常發生的政變。公元六十八年，羅馬皇帝尼祿為了避免遭到處決而自殺後，他的三位繼任者都在一年內死於暗殺或自殺，而這還是羅馬處於相對穩定的時代。從公元二三五年開始，帝國進入了「三世紀危機」（Crisis of the Third Century），當時的皇帝甚至放棄了元首制，轉向共和，想要登上帝位，在這段掌權之路上得經歷叛亂、軍事、暗殺和內戰。

皇帝的工作總是充滿危險，但在羅馬帝國的晚期，危險的程度變得近乎荒謬。在公元一九三～四七六年間一共有五十九位皇帝，這當中有超過一半遭到暗殺或處決，另外四位自殺，五位戰死，其餘許多人是死於充滿疑點的發燒——在那個時代基本上無法檢測毒藥。在公元二三五～二八四這長達四十九年的羅馬帝國三世紀危機中，有過二十八位皇帝，當中只有兩人得享天年，自然死亡。也許有人會認為這工作的風險高到讓人望之卻步，但事實恰恰相反。這些皇帝動用了羅馬帝國的大部分資源，以增加和鞏固他們的權力。從二五三年～

二六八年，伽勒尼烏斯皇帝（Gallenius）經歷了六次不同的叛亂，最後遭到暗殺。權力高層的動亂危及到帝國的命脈，到了羅馬帝國晚期，爆發過五十多次內戰，這時期慘遭殺害的羅馬人，遠多於死在所謂「野蠻人」手下的人。這些內戰更是助長了皇帝擴充軍隊的渴望，甚至開始從帝國境外招募士兵，其中一位便是來自現在羅馬尼亞的阿拉里克（Alaric）。

阿拉里克不是羅馬公民，但他有時會擔任羅馬軍隊的將軍，這種弔詭的情況在非常依賴外國傭兵的羅馬軍隊中很常見。他的角色類似於現代軍事承包商，可以支持羅馬，也可加入反抗羅馬的那一方，端視他最近簽訂的合約而定，或是否正在談判一項新約。

公元三九四年九月五日，西哥德的兵士為狄奧多西皇帝出戰，與圖謀篡位的尤金尼烏斯對戰，在遭到重大傷亡後阿拉里克決定毀約，不再遵守與羅馬帝國的約定，改採傳統的哥德談判路線，尋求更好的合約。最後，他決定直接入侵。

最初他取得了一些成功，但在新政府改變協議的內容後，阿拉里克直接兵臨城下，將他的西哥德軍帶到了羅馬城門口。他要求新皇帝任命他為羅馬西部軍隊的指揮官，並為他的士兵提供土地、食物和固定薪資。元老們問他，要是羅馬公民拒絕他的要求，他會怎麼對待他們，他只說了一句話：「取走他們的靈魂。」最後，霍諾留皇帝（Emperor Honorius）拒絕了阿拉里克的要求，但他自己卻躲去拉文納市避難。

所以，在公元四一〇年八月二十四日晚上，四萬名西哥德大軍從奧勒良城牆的薩里安門（Salerian）溜進城裡，將羅馬洗劫一空。[38]

當阿拉里克的軍隊吹響勝利的號角時，他們會從城市最東北角的薩里安門發出吶喊聲。這對你很有利，因為你現在位於亞歷山大溫泉浴場，距離軍隊的突破口有一點五公里，因此在哥德軍到之前，你還有一些時間。

一般來說，要逃過軍隊的洗劫很簡單，就是採取勢在必行的策略：跑！在古代那些會打家劫舍的軍隊眼中，公民和士兵是沒有差別的。他們會虐待、殺害或奴役所有人，而且這樣做並不會受到懲罰。那個時代還沒有戰爭罪的概念，甚至也沒人對這些行徑感到意外，這本就是預料之中的舉動。中世紀的國王就是透過掠奪他人來支付軍隊的費用，兵士的報酬除了將那些拒絕投降的城市公民收做奴隸外，也享有任意施暴的自由。你不應該指望有任何人可以倖免於難。

更慘的是，關於你這時該何去何從、往哪裡躲去，現在的我們並沒有一個簡單明瞭的答案。關於這次羅馬城遭劫的歷史文獻和考古紀錄很少，沒有什麼資料流傳下來，而且當中幾乎沒有提供確切的細節。更糟的是，這些資料的內容相互矛盾。只能說，你現在該往哪裡跑取決於你相信誰。

若是你願意相信基督教哲學家希波的奧古斯丁（Hippo of Augustine）和奧羅修斯（Orosius），那逃進教堂也許可以救你一命。據奧羅修斯的說法，身為基督徒的阿拉里克，對城裡的基督教建築和信徒都網開一面。他寫道：「基督教國王阿拉里克竭盡全力地保護基督教建築和寶藏。」哲學家奧古斯丁也同意這說法，甚至還具體推薦了一座教堂，就是現在位於梵蒂岡城的舊聖彼得大教堂。如果他是對的，那麼你要在這場圍城洗劫中活下來就相當簡單了。大教堂就在你西邊不到兩公里的地方，要是你行動夠快，就能在西哥德人到達前先抵達那裡。只要進入教堂內，就可以在阿拉里克大發善心的保護下，安然度過這

38 原註：從這事件發生以來，對於他們進城的過程一直沒有定論。有些人認為是阿拉里克採取了類似特洛伊木馬的策略，有些則表示是有人背叛，還有些說法是歸咎於羅馬人本身的飢餓或絕望。

三天的洗劫掠奪。

但你真的想要賭上自己的性命嗎？萬一這些文獻不可靠呢？也許這不是個好選擇。

幾乎就在劫城發生後，這件事就成了歐洲基督教派和多神教派（Pagan），或稱「異教」——之間相互推諉的政治足球。羅馬帝國在公元三二三年奉基督教為國教，但許多公民仍然信奉多神教，這些多神教徒認為，這次慘遭劫城是眾神對那些羅馬叛徒的懲罰。這無異構成了一些「利益衝突」，也許會左右基督教編年史家的立場，他們現在有動機去強調，同樣身為基督教徒的阿拉里克成就的慈善事業。奧古斯丁本人在他的《撤回令》（*Retractions*）一書中就不避諱地坦承了這一點：「那些崇拜眾多假神的人，我們通常稱之為異教徒，試圖將這場災難歸咎於基督教……這激發了我對上帝之家的熱情，我開始動筆寫《上帝之城》（*City of God*）來駁斥他們的褻瀆和謊言。」

也許真如奧古斯丁所說，阿拉里克的士兵放過了那些躲在教堂裡的人，但就他本人偏頗的立場以及那些殘存的考古紀錄中的線索來看，在賭上你自己的生命之前，還是先停下來斟酌一下吧！位於城北的艾米利亞大教堂（Basilica

Aemillia）是藝術家小普林尼（Pliny the Younger）眼中羅馬最美麗的建築，但在劫城期間被人放火，整座教堂付之一炬，地板上還留有硬幣融化的痕跡。君士坦丁堡的基督教會歷史學家蘇格拉底．斯科拉提庫斯（Socrates Scholasticus），也沒有以特別和平的措辭來描述這次的劫城。公元四四〇年，他寫道：「野蠻人……最後占領了羅馬城，他們在那裡洗劫掠奪，燒毀了當中為數甚多的宏偉建築和精湛的藝術品。他們在搶奪金錢珍寶後將其瓜分，並且羅織各種罪狀處決了許多重要的元老。」

斯科拉提庫斯的這段敘述，與古代和中世紀城市遭外人洗劫時的典型過程較為貼近。儘管有奧古斯丁和奧羅修斯的美言，但如果你留下來，很有可能還是得面對中古時期的傳統手法。

換句話說，你應該要拔腿就跑。

哥德軍是從北方湧入羅馬，所以顯然你不能逃往那裡。你可能會認為應該要遠離他們，所以會往南方逃，但這也不是個好主意。如果你往南跑，會跑向羅馬帝國弗拉維王朝第一位皇帝維斯帕先（Vespasian）的神廟，那裡藏有耶路撒冷的所羅門的傳奇寶藏，是提多皇帝在公元七十年洗劫這座城市時搶來的——傳說中的法櫃（Ark of the Covenant），或稱「契約之櫃」或「約櫃」，據說就在這批寶藏中。根據普羅科皮烏斯的記載，哥德人也去搶了這批所羅門寶藏。當他們在行搶時，你不會想要擋住他們的路的。

因此，你不應該沿著入侵軍隊的行徑路線逃亡，而是該向東前往競技場。搞不好在街上你就可以看到大競技場的頂部，就朝著它跑。在逃跑時，請特別注意要避開羅馬的富人區，像是帕拉蒂尼山（Palatine Hill）和拉丁區（Aventine）。哥德軍會對富人刑求，逼他們說出黃金的下落。要是你往較貧窮的地區跑（通常是城市的低地區），不僅遇到的士兵較少，而且就算遇到了，那些人可能也不太會對你刑求。也許吧！

到達羅馬競技場後，繼續往東走，前往城市東南邊緣的梅特尼亞城門（Metronia gate）。可惜目前很難判斷這扇城門的狀況，不知道是否已經敞開，是否已無人看守，這項細節佚失不可考。你只能抱持希望，不過歷史確實是站在你這一邊，因為史料中描寫著劫城的士兵，通常只會衝進去搶奪他們的戰利品。要是西哥德士兵得以大舉湧入城市，你可能會發現這邊的城門是敞開的，也早已無人看守。從那裡出去，你可以在周圍山丘找個安全的棲身之地，等待劫城結束。

好在上天對羅馬還是有憐憫之心，這段慘遭洗劫的日子很短。西哥德人只想要黃金而無意占領這座城，一旦搶到他們能攜帶的所有金銀財寶（甚至還有一些他們帶不走的寶物，據說有一重達兩千磅的銀杯），他們就繼續南下。在短短三天後，阿拉里克和他的軍隊就離開了，這時你就可以回到羅馬城裡，甚至還能繼續你的羅馬假期，因為阿拉里克的入侵並沒有徹底擊垮羅馬帝國，這只是一場幾乎致命的打擊。西羅馬帝國又跌跌撞撞地繼續撐了六十年，在這段期間，帝國人口減少了四分之三。再過五百年，就可以將整個羅馬帝國的總人數擠進羅馬競技場的看台，廢棄的競技場將會成為貧民窟。那裡不再舉辦盛大的比賽，而改為安置嬰兒床、帳篷和流浪者。到公元一千年，整座羅馬城散發著某種《猩球崛起》[39]的氛圍，這座曾經龐大而不斷衰退的城市，將會變得人煙稀少，百業蕭條。

39 編註：*Rise of the Planet of the Apes*，一九六八年的美國科幻片《人猿星球》（*Planet of the Apes*）系列的重拍版。

不過你回去的時候，羅馬帝國還沒落到這個地步，許多羅馬人確實倖存下來，建築物也是，包括亞歷山大溫泉浴場。也許你可以回去泡個溫泉，這次可能會覺得空間變得寬敞許多。

如何度過
黑暗時代中
最黑暗的一年？
RUN——

假設你想一睹黑暗時代中最黑暗的歲月，想親眼看看這個晦暗不明的時代，見識一下羅馬人退場後的歐洲樣貌。你還想看英國的原住民不列顛人（Britons）是如何奮力抵抗大舉入侵的盎格魯撒克遜人（Anglo-Saxons），順便調查一下亞瑟王[40]這號神秘的不列顛領袖人物是否真的存在，是否真如傳說中那樣在一次戰鬥中就殺死了九百六十人。於是你把這趟穿越之旅的時空目的地設定在公元五三六年三月二十四日的南吉伯里（South Cadbury），你將進入一處山間堡壘，就是傳說中亞瑟王城堡所在的卡美洛（Camelot）的可能遺址。

一到那裡，你就會看到羅馬帝國的遺跡：基督教的教堂、羅馬式的道路與堡壘。你會聽到這座城市的精英階級仍然在講拉丁語，但街頭巷尾則是講著英語。你可以去觀察城牆、超大型餐廳、騎士和他們的馬。在三月的某個時候，你會看到太陽從雲層後面穿過，然後在近十年的時間內都不再探頭出來。

你不僅是來到黑暗時代中最黑暗的一年，也來到人類史上最黑暗的一年。哈佛大學中世紀史學家麥可·麥考密克（Michael McCormick）告訴我，他相信接下來的一年是人類史上最糟糕的一年。

在五三六年三月二十四日這天，地球歷經到嚴重的溫度衝擊（thermal shock）。全球平均氣溫下降了兩、三度。在北半球，下降的溫度則達到五、六度。從樹木年輪分析的資料來看，接下來的十年是過去兩千五百年來最冷的十年。就連中東地區的巴格達都下雪了；中國東部的整個夏季也都颳著暴風雪。

永久積聚的雲層不僅讓地球變冷，還引發了一連串劇烈的反饋循環，水的蒸發量減少，使地球陷入全球性的乾旱，地球的赤道地區大幅縮小。在這個黑暗時代，留下的文獻非常少，但全都暗示著整個北半球陷入災難。

拜占庭歷史學家普羅科皮烏斯（Procopius）寫道：

這一整年，太陽光的亮度銳減，變得跟月亮一樣，看起來非常像是發生日蝕那樣，因為太陽發出的光線很不清晰，跟往常也不一樣。從發生這件事的那一刻起，人類既無法擺脫戰爭，也逃不了瘟疫和其他所有導致死亡的事情。

40 編註：King Arthur，不列顛傳說中的國王（不確定歷史中是否有其人），也是凱爾特英雄譜中最受歡迎的圓桌騎士團（或譯圓桌武士）的騎士首領。

根據羅馬參議員卡西奧多魯斯（Cassiodorus）的說法，公元五三六年這一年的「冬天沒有暴風雨，春天也不是風和日麗，夏天完全不炎熱」。十二世紀的中世紀編年史家敘利亞的米海爾（Michael the Syrian）在他的《年代誌》（*Chronicle*）中寫道：「每天太陽照耀大約四個小時，但這種光只是微弱的陰影。大家都說太陽永遠不會再恢復往日的光芒。如今果實無法成熟，酒嘗起來像酸葡萄。」根據中國古代文獻的記載，黃河以北的一個王國在公元五三六、五三七和五三八年都接連遭受嚴重的夏季風雪和乾旱，導致高達八成的人口在飢荒中死亡[41]。在蘇格蘭、愛爾蘭和斯堪地納維亞半島的六世紀考古證據也顯示，當地農村居民完全放棄了他們的社區。

之所以會形成這樣濃厚的雲層，是因為一次超大規模的火山爆發，而且隨後又爆發了兩次。

冰層深處的冰芯提供了佐證，在這一系列史無前例的火山活動中，至少有三座不同的大型火山分別於公元五三六、五四〇和五四七年噴發，累積下來的效應，造成了人類史上最嚴重的大氣混淆事件。

一七八三年，班傑明・富蘭克林（Benjamin Franklin）首次提出假設，火山爆發可能會改變全球天氣的想法，當時他猜想冰島的赫克拉火山（Mount Hecla）噴發可能是造成當年度持續出現乾霧的原因，「穿過玻璃透鏡的太陽光線……變得很微弱，聚集在焦點上的光素束連牛皮紙也點不燃。」他寫下一篇題為〈氣象的想像與推測〉（Meteorological Imaginations and Conjectures）的文章，對此進行一番推敲，富蘭克林頗具先見之明，他進一步思索地球過去是否發生過這種情況。他寫道：「那麼，這樣看來似乎值得探究在史料中，是否記載過類似的天候，出現持久的嚴冬，以及之後廣泛的夏季大霧。」

三百年後，歷史學家發現他真的是有先見之明，提出了相當正確的觀點。儘管兩百多年來他們一直知道，有普羅科皮烏斯和卡西奧多魯斯這些見證者在公元五三六年目睹的紀錄，但「我們基本上不採信他們的說法，認為那只是他們個人進入歇斯底里的狀態」，麥考密克說。到了一九九〇年代末期，情況開始改觀，當時科學家分析了古代樹木年輪（他們以寬度來推斷古代氣候），發現整個北半球存在有明顯的一致性：從五三六年開始，然後一直持續到接下來

41 譯註：此時為中國的魏晉南北朝時代。

的十年，這些樹輪資料顯示，樹木處於極端異常的生長條件。這些不僅是生長季節極其惡劣的佐證，也可當作夏季發生霜凍的證據。

儘管如此，麥考密克告訴我，一直要等到二〇一五年，在分析冰芯後，發現有持續十年之久的硫污染，歷史學家才對這場氣候災難達成共識。在冰芯中發現的火山灰與冰島岩石的化學性質相同，這意味著在那個三月天，造成天空昏暗的火山雲，一定是來自那座大西洋島嶼上的某座火山所噴出的煙霧。那次的大規模爆發，將約三百立方公里的火山灰和泥土噴射到大氣中，並將至少一百兆噸的二氧化硫噴射到平流層中。幾週內，灰燼和泥土就回落到地表，但二氧化硫則在大氣層中與水結合，產生了微小的硫酸氣溶膠。這些水滴狀的溶膠在平流層的強風中撞擊，形成一片乾燥的火山霧霾，擋住照射過來的陽光，並在高空中停留多年。由於這種霧還會反射大量陽光，根據人類學家喬爾・古恩（Joel Gunn）在他《無夏之年：追蹤五三六年及其後果》（*The Years Without Summer: Tracing 536 and Its Aftermath*）一書的描述，那時期白天和傍晚的陽光只有平常的十分之一。

然後，四年後，同樣的事情又發生了。

在公元五四〇年，第二座火山爆發，這次是在靠近赤道的某個地方（可能是薩爾瓦多的伊利蓬戈火山〔Illipongo〕），這次的爆發規模是過去七千年來最大的一次。公元五三六年的那場火山爆發主要影響的是北半球，但伊利蓬戈火山爆發的效應波及全世界。七年後的第三次火山爆發（可能發生在東南亞）硫磺煙霧再次污染了平流層。這引發一系列人類尚不清楚的氣候回饋迴路，氣候冷化持續了一個多世紀，不過最嚴重的後果立即就出現了。

北半球的農作物歉收。在北歐，適合農作生長的天數減少了一半。斯德哥爾摩的農墾地面積減少四分之三以上，農村成了鬼城。在挪威南部，人口減少了近一半。考古紀錄顯示同樣的慘況也出現在今日的丹麥、愛沙尼亞和德國北部。愛爾蘭的《因尼斯法倫年鑑》（*Annals of Inisfallen*）中有記載，在「五三六～五三九年間，麵包短缺」。居住在愛爾蘭的蘇格蘭人和蘇格蘭的皮克特人[42]完全放棄了他們的農場，搬到海岸，成為漁民。所有的考古學資料和天氣模擬都指向同一個結論：在五三六年之後的十年裡，北歐經歷了史上一場嚴峻的飢荒。

42 編註：皮克特人（Pict）的最早文獻記載出現在二九七年，先於蓋爾人居住於福斯河以北的皮克塔維亞，也就是加勒多尼亞（現今的蘇格蘭）的原住民。

在中世紀發生飢荒時，城市尤其危險——請記住你現在正身處不列顛的一座大城市。你可能會認為，與農村的農民相比，先進的商業和貿易中心會緩和飢荒對你的影響。但你錯了。

起初，一個地方上的國王（也許就是亞瑟王），發放了他之前為了度過歉收季節而收集和儲存的穀物。在中世紀早期，真正的飢荒很少發生，但食物短缺的情況卻很頻繁，國王的主要職責就是在飢荒時期為人民提供食物。即使在最好的時期，北歐的農業也很艱困，而且收穫效率低，黑麥和小麥等主要糧食每四年就會遇到一次糟糕的生長季。那時還沒有引進重犁到農法[43]中，沒有輪作制，也沒有施用適當的肥料，所以種小麥時每粒種子的平均產量不到四粒。今天則超過四十粒。

在像南吉伯里這樣的大堡壘，國王儲存的糧食，可能足以應付他的人民度過歉收的一年。但在中世紀的歐洲，沒有資源也沒有成熟的政府組織，來應付長期的糧食匱乏。在近代之前，沒有一個中世紀社會儲存的糧食，能夠應付連續兩年的歉收。因此，當大霧持續，沒有夏天的一年不斷延長，變成接連好幾年沒有夏天時，不列顛人只能從快要沒東西吃，變成去啃樹皮。

像南吉伯里這樣的中世紀城市，在飢荒時就活生生地成為一處死亡陷阱。城市居民是靠商業來養活自己，飢荒摧毀了經濟，隨著食物供應的減少，對剩餘食物的需求大幅激增，人民必須重新分配所得，來購買他們能負擔得起的少量食物。在發生這情況時，所有非糧食商品的需求急劇下降，鞋匠、鐵匠、裁縫和其他推動城市商業發展的各行各業，先後失去了顧客、工作和家園。整座城市陷入蕭條。

即使是在農收最好的時期，將食物運送到城市就所費不貲。在六世紀的英國，產品在陸地上每前進個八、九十公里，價格就會翻一倍。在飢荒時節，運費問題更是變本加厲。當飼料變得太貴，牧民就會宰殺他們的動物。由於當時還沒有冰箱，不列顛人便用鹽來保存肉類，但在對鹽的需求量增加的這一時期，蒸發量也因陽光微弱而大幅減少。目前並不清楚市場在五三六年飢荒發生時的具體情況，只知道在公元一三一五年的中世紀大饑荒中，由於產量下降和需求增加，鹽價在不到一年的時間內成長四倍。沒有鹽，多餘的肉就會腐爛，乳製

43 編註：farming，即農業的手法與方式，現今分有非有機農法——慣行農法，以及三種常見的環境保護農法——有機農法、友善農法、自然農法。

在 11 年內連續三座火山爆發
造成天昏地暗

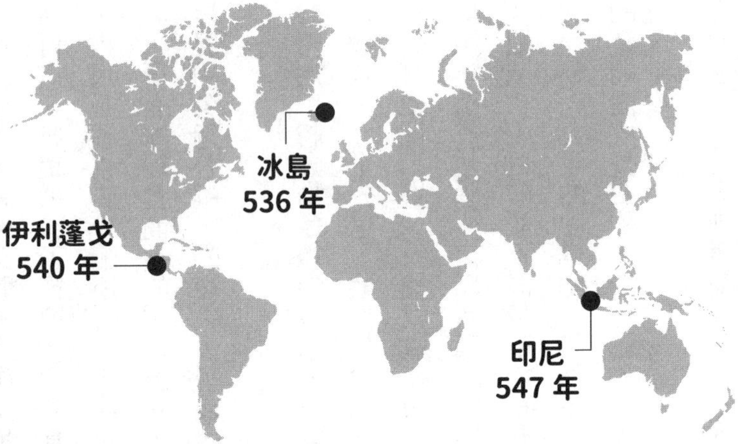

品工廠也無法生產牛奶和起司。由於當時對各項產品的需求量銳減，商人賣掉了他們擁有的一切來換取食物，包括他們的不動產。非常富有的人趁機以最低價格收購土地，而其他人只能在沒有工作的地方尋找工作，最終只能吃下不能算是真正食物的東西來果腹充飢。

當一年的大霧延續到第二年，出現第二次農作物歉收，地方糧倉枯竭時，你就會體驗到所謂的「奇怪飲食」，這是中世紀歷史學家威廉·喬丹（William Jordan）在描述中世紀的貧困時所提出的用詞。在飢荒的早期階段，人會開始吃那些通常不會拿來食用的動物，若按食用先後順序排列會是乳牛、母羊、馬然後是寵物，最後是老鼠。當所有的動物都被吃完後，會開始吃腐爛的食物——腐爛的肉、腐爛的穀物和腐爛的蔬菜，即使你根本不願意這樣吃。絕望的商人為了要維持日益減少的供應量，可能會開始用令人作嘔的、難以消化的物質，而這會污染到他們販售的食品。在大饑荒期間，巴黎的麵包師傅將酒渣和豬糞都混到麵團中。（如果你想當麵包師來度過飢荒，奉勸你千萬不要。當受騙的鎮民發現麵包師的詭計時，會跑來痛打他們一頓。）

一旦飲食變成腐爛物，你就進入到一個危險的階段。儘管到那時就連腐爛的食物看來都可能很誘人，但你應該盡一切努力避免吃下這類東西，因為在中世紀的飢荒中，這些食物造成的死亡比真正餓死的人還要多。大多數人都是死於寄生蟲疾病，或是因為食用帶有病原的食物而感染到痢疾。村民吃的穀物含有麥角菌等真菌，這種真菌在寒冷的夏季後生長在黑麥上，會造成腸胃劇痛，最終導致死亡。在今天這稱為麥角中毒（ergotism），但中世紀的人稱此為「聖安東尼之火」（St. Anthony's fire），因為那時並不知道病因為何。一定要檢查你的穀物上是否有長黑色真菌的跡象，不然你生命中的最後幾週可能是在極度的胃痛中度過。

飢餓的人民在城鎮郊區撿拾堆肥的糞便食用，又感染到腸道疾病，他們這時已經很虛弱的身體根本無法應付，最後不是曝屍荒野就是橫屍街道，然後一起埋入萬人坑中。若是你真想在這場飢荒中，找一份能夠抵擋經濟衰退的職業，可以試試搬運死屍。比利時的布魯日在一三一五年的飢荒中提供每具屍體十六便士的處理費——不過人口密度較稀疏的南吉伯里可能不會聘請這樣的搬運工。

在飢荒的最後階段，你可能會開始吃那些通常認為是不可食用的天然物，例如樹根、樹枝、葉子，甚至樹皮。根據一位研究中世紀飢荒的當代編年史家的說法：「許多窮人……像牛一樣在田野的草叢間吃那些不斷長出來的雜草。」一旦你開始吃草，隨之而來的就是致死的疾病、痢疾或飢餓。

比較好的選擇是義無反顧地離開這座城市，當鄉村居民因為農作物歉收而湧向城市時，你應該換個地方。與一般人所推想的正好相反，我們有理由相信在中世紀飢荒期間，小農村實際上比城市要來得安全許多。主張大饑荒期間，農村的情況遠比城市來得好的論點似乎有悖常理，因為直覺上城市裡有大量的人口，似乎比較能夠鞏固安全，但事實恰恰相反。在飢荒中，人口密度反而成了一項危險因子，社群越小，越容易在這片大地上生存。在城市裡，你將被迫去吃那些在街上找到的任何碎屑；而在村莊裡，還可以靠著狩獵和採集來補充你的飲食。若是能找出適應寒冷的穀物，也可能多少有些收穫。我請教人類學家古恩這時應該要種什麼作物，他的建議是黑麥或大麥等抗寒作物，而不是常見的二粒小麥（emmer wheat）。

不幸的是，乾旱、寒冷、大霧和飢荒，並不是讓五三六年成為人類史上最糟糕年份的唯一原因，寒冷還帶來另一種更可怕的效應。

在青藏高原的高處，寒冷和乾旱迫使那些帶有瘟疫病原的囓齒類動物，進入到人口較多的低地，在那裡牠們感染了向西行進的商人。這些商人便將瘟疫傳往西邊，還跟著他們的船沿著尼羅河順流而下，病原在公元五四一年抵達了埃及的港口城市佩盧西姆（Pelusium）。從那裡，海上商人又將其傳到整個地中海地區。

這種新型細菌在地方族群中爆發，瘟疫對人口稠密的地區衝擊尤其嚴重，像是東羅馬帝國的首都。據估計，在君士坦丁堡這座人口超過五十萬的城市裡，有三成是死於這場查士丁尼大瘟疫（Justianic Plague）。一旦病菌進到羅馬人和他們的船隻中，這種流行病就在他們龐大的貿易網絡中不斷傳播開來。

就考古紀錄來看，這場瘟疫幾乎沒有影響到盎格魯撒克遜人，有可能是因為他們當時並沒有與東地中海的帝國或大陸上的其他人進行貿易。

但不列顛人有。

不列顛社會與東羅馬帝國的城市間，保持著健康的貿易關係，這些城市看重不列顛的銅礦和鐵礦石，會以優質的地中海葡萄酒和其他羅馬奢侈品來交換。傳播鼠疫的耶爾森菌（Yersinia pestis）極有可能隨著登上其中一艘羅馬商船，帶給不列顛人致命的一擊，這是過去盎格魯撒克遜人一直都做不到的。在經過幾個世紀的僵局後，就在瘟疫降臨的幾年內，盎格魯撒克遜人席捲了英格蘭南部，拿下之前一直被南吉伯里等強大的山間堡壘捍衛的地區。在飢荒和瘟疫過後，這些城市只剩下殘破的空殼。有一首八世紀的盎格魯撒克遜詩，題為《廢墟》（*The Ruin*），當中描述了他們的軍隊在不列顛堡壘中發現的慘況：

> 瘟疫的日子來了；死亡捲走人類所有的勇氣。他們的堡壘變成荒地；城市淪為廢墟。本來可以重建家園的群眾如今屍橫遍野。

這裡我要再強調一次：你應該離開這座不列顛城市，因為所有證據都顯示南吉伯里遭受到毀滅性的衝擊。在火山雲遮擋住陽光後，你唯一的希望是放棄你的城市和人民。你需要做出終極的背叛，轉而與入侵的敵人為伍，投靠那些崇拜奧丁（Odin）——北歐神話中阿薩神族（Æsir）的主神，並且講著一口古英語的盎格魯撒克遜人。你必須習慣他們的風俗行事，他們生活在簡單的家庭農場中，而不是城市；他們崇拜雷神索爾這類日耳曼諸神，這日後也激發了維京人的想像力。

他們講的確實是英文，但這並不意味著你會理解他們。古英文與現代英文的差異很大，就跟今天的英文與德文一樣，所以你最多只能認出一兩個單字。但也許在經過一些練習後，你最終可能會說得好一點，懂得如何發問。但千萬別問他們亞瑟王的事，這可能是個敏感的話題。

如何逃過
黑死病？
RUN——

要是你想去看一座發展到顛峰的典型中世紀城市，想要看看宮廷、騎士、閃亮的盔甲、比武、決鬥、女王、國王、公爵、城堡和圍城的盛況，還想順道參觀哥德式建築、大教堂、彩繪壁畫和彩色玻璃。所以你決定回到公元一三四八年六月二十五日的英國倫敦。

你走在這座城市擁擠而泥濘的街道上，街道兩旁遍布著香料店、肉鋪和金匠工作坊。你在一家小酒館停了下來，享用傳統的中世紀英式餐點，裡面有煮培根、麵包和一大杯帶有微量酒精的甜麥芽酒。當你走向倫敦塔時，會發現其造型和外觀幾乎和今日不無二致。你穿過古老的倫敦橋，可以看到港口裡有數十艘船進出，載著羊毛、穀物、蔬菜和水果，這些船隻來往於大西洋和整個地中海的歐洲港口。

儘管這座中世紀城市的景象和聲音，可能讓你感到錯愕，不過首先衝擊你感官的應當是這裡的氣味，空氣中瀰漫著垃圾、腐肉和人類排泄物的味道，這些全都隨意傾倒在路上供流浪狗、豬隻和老鼠吃食；城牆上掛著叛徒和盜賊的屍體和遭斬首的頭顱；還有開放式排水溝發出的惡臭，那裡匯集了整座城市水溝和污水池的廢水。

選在一三四八年初夏時節前往倫敦，你將會進入一座在各方面都數一數二的歐洲中古城市，除了強盛繁榮外，在喧鬧程度、惡臭指數、暴力、污染這些方面也是首屈一指。然而除了你，還有另一位訪客也在這時抵達英國。一三四八年六月二十五日，一名生病的水手在你西南方的韋茅斯（Weymouth）港上岸，那裡距離倫敦約有兩百一十公里。這位水手的名字和他出發的港口都已佚失在過往——不過可以確定他是來自地中海的某個地方，也許是西班牙西北部。他抵達時身體不太舒服，但可能只是出現頭痛和咳嗽等輕微症狀，又或者再嚴重一點。他可能一直不停地嘔吐，或者更明確地說，他的腋下或腹股溝，在那時可能已經長出巨大的球狀物。無論如何，他很可能在抵達後不久就身亡了。但他身上的跳蚤和病原卻沒有。

你很不幸地選到這個時間點，你的時空旅行就落在一場大災難即將爆發的前夕，而這可算是人類史上最慘烈的一場浩劫：黑死病（Black Death）。黑死病是世界上第一場真正的流行病，其死亡率和破壞力僅次於引進新大陸的天花和痲疹。直到最近，許多歷史學家還認為，那時候歐洲對鼠疫死亡率的描述太過誇張，近乎歇斯底里，相信文獻中所謂的萬人塚和整個社區的群體死亡只是一種誇飾，這種寫作風格在描述歷史中辛苦奮戰時經常用到。但最近的研究顯示，若說這些史料真有什麼不對勁之處，那就是對這場瘟疫的描述過於保守，對當時真正發生的全球性浩劫視而不見。就稅務紀錄、工資單、教區數量和死亡證明這些文獻史料來看，當時在中國、中東、北非和歐洲大約有一半的人死於這場大流行。在接下來的兩年間，在倫敦街頭行走的十萬住民中，至少有四成喪生。

耶爾森氏菌（Yersinia pestis）是導致這場鼠疫，或稱腺鼠疫，又或者直接簡稱瘟疫的病原體，是迄今為止毒性最強的細菌。這是一種細菌，而不是病毒。今天，這兩者間的主要差異在於現代醫學多半可以消滅其中一種，但基本上對另一種則束手無策。不過在中世紀還沒有抗生素，所以這兩種病原對人而言沒有什麼差別。引發鼠疫的耶爾森氏菌會在人類和動物之間傳播，複製速度很快，還會造成可怕的疾病，而在一三四八年時，是沒有治療方法的。不過，關於病原是微生物一事，你最好不要大聲張揚，暗藏在心頭就好，因為在那個時代提出這世上存在有一種小得看不見的蟲子，而且可能還會殺死人類，實在太過新潮與先進，大概早了約四百年。沒有人會認真看待這個想法的，必須要等到放

黑死病透過歐洲的傳播

1348 年 9 月 29 日抵達倫敦

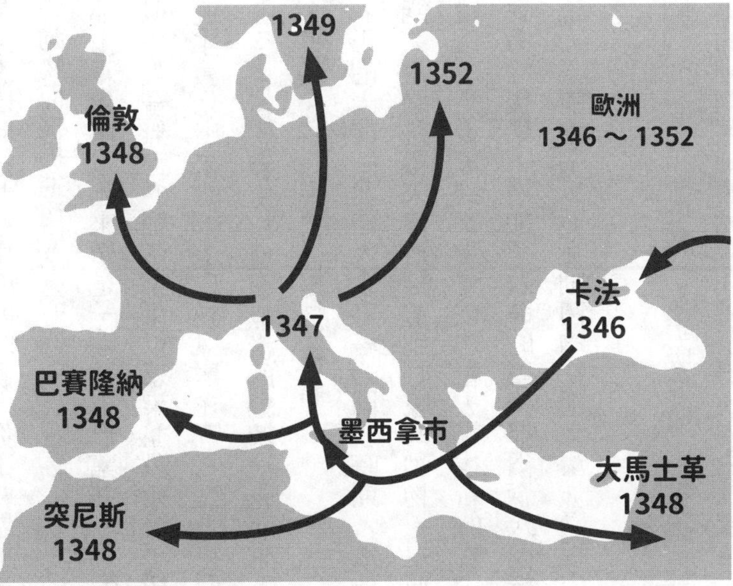

大技術出現，科學家能夠親眼看到這些小東西的時候。你不會是第一個主張世界上存在有小到看不見的動物而被扔進瘋人院的人。

在顯微鏡下，鼠疫耶爾森氏菌看起來像是一顆長方形藥丸，外殼上看起來有長毛。但這種看起來似乎人畜無害的細菌，可以感染並殺死幾乎任何帶有血液的生物。這菌種是晚近才演化出來的——也許只是在五、六千年前，由假性結核耶氏菌（Yersinia pseudotuberculosis）這種無毒的細菌演化而來，這種細菌生長在土壤中，要是你不慎吃下肚，頂多只是讓你胃痛。

不過，大約就在法老王胡夫開始建造大金字塔的同一時期，這種細菌歷經了一系列的基因突變，能夠透過跳蚤來傳播給遭到叮咬的動物。這並不是個特別危險的突變，但由於跳蚤一定會等到寄主死亡才會去尋找新的寄主，因此這種突變後來產生了一項致命的後果：增加了致命的鼠疫耶爾森氏菌株的傳播效率。天擇會推動細菌的毒力不斷增強，而在細菌的物種大爆炸過程中，原本造成胃病的細菌演化成一種致命怪物。[44]

在跳蚤開始在寄主動物（通常是囓齒類）身上吸血時，感染過程就開始了。一旦跳蚤叮咬到遭受感染的動物，細菌就會在跳蚤腸道內生長成巨大的棕色團塊，堵塞住跳蚤的食道，最終跳蚤會因此而餓死，但在此之前牠會瘋狂地尋找新寄主。一旦牠找到新的受害者，並將食管插入牠的皮膚下，寄主的血液便會與鼠疫耶爾森氏菌的棕色物質混合，而跳蚤會將血液與細菌混合物回送到受害的寄主體內，在寄主血液中，直接注入約兩萬五千至十萬個鼠疫耶爾森氏菌。

免疫系統在檢測到跳蚤叮咬時，會立即採取行動，發送一組白血球前來調查，摧毀任何外來的入侵者。過去流行病學家認為，鼠疫桿菌躲過了這些白血球的搜查，但最近的研究顯示，鼠疫桿菌其實是以其針狀突起注射毒素，來殺死白血球。當負責包圍和清除死亡細胞的其他免疫細胞，吸收這些死亡的白血球時也會遭到感染，並衝到最近的淋巴結，細菌便在那裡開始瘋狂生長。

一旦透過跳蚤的叮咬進入到寄主體內，病菌可以走的傳播路徑有兩條。有三分之一的情況，病原體直接感染血液，在這些病例中，患者不會出現淋巴結

44 原註：一種特別致命的演化特徵，似乎是能分泌一種化學物質，這會竊取寄主體內的鐵，這樣細菌便能大舉複製增生。這種分泌物賦予細菌極大的殺傷力，現代研究鼠疫耶爾森氏菌的人員唯有在關閉其這項功能後，這種菌才變得無害，然而在二〇〇九年還是出現了一個悲慘案例，展現出獲得鐵質對於這種細菌有多重要，一位研究人員在感染到這種減毒菌株後死亡，他之前不知道自己罹患有導致身體產生過多鐵質的遺傳性疾病。

腫大這類特有的症狀，在經過很短的無症狀期後，患者的血液中充滿細菌，傳染性極強，而且必死無疑。

不過比較常見的是另一條路徑，鼠疫耶爾森氏菌在前兩天，會先在淋巴結內大量複製，這時還處於無症狀時期，之後才會溜進血液中。感染後通常會出現發燒和頭痛，不過這類症狀都很輕微，容易與流感混淆。腺鼠疫的典型症狀是跳蚤叮咬處周圍出現紅環，之後靠近叮咬處的淋巴結出現巨大腫脹。最終，圓環變成壞疽，膿皰充滿血液和膿液。感染者會出現發燒、發冷和頭痛，之後演變成噁心、不斷嘔吐、腹瀉和嚴重腹痛。這種疾病的死亡率高達六成，患者通常會在症狀出現一週後死亡。

人傳人的情況比較罕見，通常是透過體液或是更危險的飛沫傳染。如果感染進展到肺部，在每次的呼氣、大笑或咳嗽時，都會將數以百萬的細菌隨著唾液微粒噴射到空氣中。吸入鼠疫桿菌會直接感染肺部，這也是致命的。

儘管瘟疫會透過人類傳播，但我們並不是其自然界的寄主，主要還是透過囓齒動物，特別是那些生活在高溫和乾燥氣候環境的囓齒動物，牠們才是病菌天然的溫床。一般相信鼠疫最初是在青藏高原的某個地方出現，也許是來自巴基斯坦山區的沙鼠族群，在公元五四一年第一次爆發後，即後來所謂的查士丁尼大瘟疫，這種病就一直限制在這些山區，與世隔絕少有外傳，直到十四世紀。

哈佛大學的中世紀歷史學家麥考密克告訴我，沒有人知道當年為什麼會爆發黑死病，由於大多數的現代鼠疫都是在嚴重乾旱之後爆發，他推測這是由氣象因素所觸發的，這一點相當合理。總之，不管是雨水、乾旱、寒冷的夏季，還是純粹的運氣不好，我們現在只知道，在十四世紀中葉，瘟疫從山區爆發出來，感染了絲路上的商人。瘟疫從那裡向東傳播到中國，向西傳播到地中海一帶。

一三四六年，在圍攻克里米亞港口城市卡法（Kaffa）時，蒙古士兵開始因為一種新疾病而死亡。十四世紀的義大利公證人加布里埃爾・德・穆西（Gabrielem de' Mussi）寫道，他們患有「一種神秘的疾病，導致腋窩或腹股溝腫脹以及腐熱……所有的醫療建議和處理都沒用；韃靼人身體一出現疾病的跡象就會死去……垂死的韃靼人對疾病所帶來的巨大災難感到震驚訝異……無心再繼續圍城進攻。但他們下令將屍體裝進彈射器，扔進城裡，希望用難以忍受的惡臭來殺死裡面的所有人。」

這些早期生物屍體炸彈上的飢餓跳蚤，其造成的死傷效率遠高於任何軍隊，也使得大量卡法公民死亡。在一三四七年十月，熱那亞的貿易商放棄了這座瘟疫肆虐的港口，但他們和船上的老鼠早已成了這病菌的帶原者，並將病菌帶到西西里的墨西拿市（Messina）。從那裡開始，病菌傳播到義大利、歐洲、北非和中東地區。

在一三四八年的六月二十五日，就在蒙古士兵拋射屍塊穿越卡法城牆的十八個月後，一名水手將瘟疫帶到英吉利海峽的另一側。

到了九月二十九日，病菌出現在倫敦。

倫敦直到這個時間點才出現疫情應該要感到慶幸，跳蚤在炎熱的夏季最為活躍，因此那些在夏季爆發疫情的歐洲城市，死亡率明顯比在其他季節出現疫情的城市來得高。可惜的是，一三四八年的倫敦恰好遇上暖冬，再加上天氣潮濕，跳蚤還是可以繼續四處叮咬，國會在一月就宣布進入緊急狀態。在二月到三月的這六十天內，這座城市有五分之一的人死亡。

你可能會認為延後行程，晚點到市區旅行，或是改去較小的鄉村或許就能逃過一劫。你也許會想，要是在九月離開擁擠髒亂的倫敦，前往城市外圍眾多農莊的其中一座避難，或許就可以避開這場瘟疫。儘管就大多數的病原體來看，此舉會是個明智的選擇，但這場黑死病的傳播並不是由人口密度所決定的，而是老鼠和跳蚤相對於人類的密度。由於在小農場或村莊，老鼠與人的比例較大，因此這些看似安全的地方實際上更加危險。在鄉村城鎮，鼠疫的到來使老鼠數量激增，導致數千隻飢餓且帶原的跳蚤，開始尋找少數的人類寄主。與人口稠密的城市相比，在這種情況下你被跳蚤咬的機率其實更高，這也解釋了，何以當時在英格蘭農村地區的瘟疫死亡率，會超過城市的原因。你唯一應該遠離城市的理由是，你可以進入富有地主的鄉村別墅，那裡的老鼠數量相對較少。所以，你最好的選項是結交有錢的朋友，不然就認命地留在城市裡。

然而，即使是在倫敦市區，安全程度還是有所差異。

就稅務紀錄來看，居住在城市南邊的公民死亡率略低於北部，這可能是因為黑死病對窮人的衝擊更為慘重，就跟大多數的流行病一樣。倫敦北區的房舍密集度較高，而且街道又比其他地區更骯髒，因此吸引來更多的老鼠。然而，第一波疫情爆發時，富人和窮人的死亡率差距，並沒有像其他多數流行病那麼大，甚至也不及後來幾波的瘟疫。根據當時的埋葬統計數據，情況比較符合考古學家所謂的「災難死亡剖面」（catastrophic mortality profile），換言之這種疾病不分貧富或階級，就像在城市上空丟下一顆炸彈一樣。社會精英與窮人一起死去，其中包括至少三位大主教以及國王愛德華三世[45]的女兒瓊安（Joan）。對這疾病的無知，讓那些位於社會階層頂層的人失去許多典型優勢，那通常是在疫情最初爆發時權貴階級所能享有的。由於不知道疾病傳播的原因與方式，富人的金錢或人脈毫無用武之地，難以自保。在隨後一波波的疫情爆發時，倫敦的精英階層紛紛逃往別墅，所受的苦難確實遠比那些無力承擔的人來得少。不過最初的第一波疫情則是席捲了所有階級，富人能負擔得起的醫療保健根本無濟於事，絲毫沒有任何幫助。

中世紀的醫學觀，仍然以蓋倫（Galen）在一世紀提出的體液說為主，他認為疾病是由體液失衡所引起的。所以在這時若是你去看醫師（最好不要），他們可能會給你安排一個放血療程，或是刺破你的淋巴腺腫，這些全是無效醫療，只會帶來更大的疼痛。他們可能還會開立其他奇怪的療法，比方說，有些醫師相信，將雞的生殖器放在腫大的腹腔淋巴節上可以產生療效。

顯然，就當時能用的醫療護理來看，你最好把所有精力都放在感染的防禦上。首先，在周圍有人，尤其是有病人時，請戴上口罩。肺鼠疫會透過空氣傳播，不過一旦感染敗血性鼠疫或肺鼠疫，患者立即出現重症，因此一般來說只有在照顧病人時才可能感染。

比較可能感染到鼠疫的途徑是跳蚤叮咬，而這也更難防禦，因為光是將自己與他人隔離還不夠，必須還要將自己與老鼠隔離。這意味著要把家中任何會被老鼠啃食或作窩的東西清除掉，這包括灌木叢、石堆、垃圾和多餘的木柴。你也許會覺得這時應該要養一隻貓，但千萬別這麼做。唯一比活老鼠更危險的東西是死老鼠，寄主死後，牠身上的跳蚤會散落到你或是你的貓身上。[46]

避免叮咬的方法是想盡辦法遮蓋皮膚。可以穿長袖襯衫和長褲，並且將襯衫和褲管都塞進褲子和襪子裡。定期檢查自己身上是否有跳蚤，用肥皂洗手，並定期洗澡。當時的醫師認為洗澡這類「打開孢子」的活動反而為病原提供入

45 編註：Edward 三，一三一二～一三七七，在位五十年，是英國歷史上統治最長的時期之一，見證了立法和政府的重大發展，特別是英格蘭議會的演變，以及黑死病的肆虐。

46 原註：要是你真的有養貓，美國疾管局有特別建議不要與牠們同睡一張床。疾管局的防疫簡章有指出，與寵物同睡一張床，「目前已證明會增加感染鼠疫的風險。」

口，因此建議倫敦人不要洗澡。請反其道而行，經常洗澡並鼓勵身邊的人洗澡，可以試著大聲抱怨他們的氣味。但即使你設法避免感染，還是會隨時隨地感受到這種疾病的影響。

瘟疫觸及到歐洲人生活的各個層面。在農村地區，農作無人收割，任由農作物在田裡腐爛，隨之而來的便是糧食短缺導致嚴重的通貨膨脹。依賴城外商品生產的倫敦貿易幾乎完全停擺，經濟活動的蕭條，甚至能夠從冰芯紀錄看出端倪，資料顯示空氣中的鉛污染急劇下降，因為歐洲在黑死病肆虐的四年期間大幅減少錢幣的冶煉。

隨著瘟疫蔓延，倫敦街頭成了太平間，萬人塚已經挖掘好，每個坑的深度足以堆疊五具屍體。這樣大規模的災難所帶來的絕望感，似乎超越任何現代人所能夠經驗的，當時的一位作家丹尼爾·狄佛伊（Daniel Defoe）在《大疫年記事》（*A Journal of the Plague Year*）中描寫了他的觀察，在一六六五年倫敦經歷鼠疫死灰復燃時，他寫道：「可以說整個倫敦都在哭泣淚流……婦女和兒童在門窗前發出悲鳴吶喊，也許是他們摯愛的親人正在死去，或者剛剛去世。當我們經過街道時，經常能聽到這樣的哭喊聲，即使是最鐵石心腸的人，在聽聞這樣的聲音時，也會為之動容。」

如果說這場在夏天開始的中世紀首都之旅，讓你覺得自己陷入一個新次元，那麼到了冬天，恐怕你就會覺得直抵世界末日。幾個月前還很繁榮的城市，轉眼間就成了一座蕭條鬼城，裡面滿是哀悼者、死者和垂死者。一位愛爾蘭修道士在他的年鑑日誌記錄著黑死病期間的狀態，文字中傳達出大家深感末日降臨的真實寫照，當中記載著，他之所以還繼續寫下去，是萬一「有人活到未來」，可以留給他們參考。

不過大流行確實結束了。到了一三四九年的晚秋，也就是第一名感染者抵達倫敦的一年多之後，病例數量開始減少，到了冬天，老鼠數量銳減，跳蚤數量也隨之減少，再加上人群中獲得免疫力的比例升高，這場在短短十二個月內奪走近一半倫敦人性命的流行病就這樣告終。

接著發生了一件奇蹟。要是你躲在城市的北邊，或者避居在鄉村中某個沒有老鼠的莊園裡，那麼到一三五〇年的春天，你應該可以再度復出，或是返回倫敦。因為這座城市雖然遭到破壞，卻正處於復甦的邊緣，而且是以幾乎無法理解的方式大舉復甦。經濟學家賽夫凱特．帕慕克（Şevket Pamuk）曾表示，黑死病讓人的生活水準大幅提升，其規模超越過去兩千多年來的各種成長，除了工業革命之外。似乎就在一夜之間，大規模的死亡和苦難轉變為整個社會的繁榮。勞工需求攀升，工資成長三倍；收入不平等的問題大幅下降，英國壓迫式的農奴制也近乎瓦解。對於主要仰賴農地耕作、地下金屬或沿海通道等固定資源的中世紀經濟來說，人口減少意味著每個人可以獲得的資源變得更多。在工業革命之前，人口密度會壓抑繁榮程度，中世紀歐洲的馬爾薩斯經濟大餅是固定的，領土創造的財富幾乎完全來自於人可以種植、放牧或從海洋中捕撈的東西。人口的增加並不會帶來更多的牧場或更多的農業用地，反而是讓每個人分到的經濟大餅減少。在黑死病爆發前，人口膨脹導致了對土地、工作和食物的破壞性競爭，甚至會危及生命。工人沒有什麼議價的空間能力，工資停滯不前，財富集中在強大的封建制度頂層。

黑死病到來的那天，有將近一半的英格蘭人過著農奴生活，他們並不擁有自己耕種的土地，大部分的收穫都屬於地主。他們離開土地的時間不能超過一天，結婚對象也受到限制，幾乎沒有機會獲得足以讓他們買下土地的利潤。相較之下，領主則擁有土地和其上的一切，當時流傳著一句話，農奴「除了自己的肚子之外就一無所有」。

黑死病徹底改變了這個局面。人口銳減反而增加了存活工人的議價空間，這甚至導致那些坐擁財產的富有議員在一三四九年通過了《勞工薪資法》（*Statue of Laborers*），將工人的工資限制在瘟疫爆發前的水平，並且禁止農民前往城市尋求更高的工資，只能從事農業活動，但這根本擋不住這股趨勢。在黑死病期間，一位在萊斯特的牧師亨利．奈頓（Henry Knighto）寫道，農民「罔顧國王的命令……若是有人想要僱用他們，就得答應他們的要求，只能迎合這批勞工的傲慢和貪婪，不然將會失去盛產的水果和未成熟的玉米」。

在羅徹斯特，另一位當代編年史家寫道：「僕人、工匠、工人、農工和勞工都非常短缺……那些卑微的人對工作嗤之以鼻，除非提出三倍的薪資，否則很難說服他們為精英階層服務。」一四〇〇年，農奴占總人口的比例下降到百分之三十五；到了一五〇〇年，農奴幾乎都消失了。

在俄羅斯和東歐，地主則成功地勾結起來，壓低無產階級的薪資和生活水準，因此，黑死病並沒有在這些地方造成太多社會變革。但在西歐，收入差距的縮小和薪資調漲，則產生了深遠的影響。勞動力的需求擴大，這吸引到更多女性加入勞動行列，因而提高了平均結婚年齡，也減少了平均家庭規模，降低人口增長率，這在馬爾薩斯的經濟模型中，創造出更長期的生活水準提升。包含位於貿易中心的倫敦等沿海城市，工資比約克等內陸城市的上漲幅度大，恢復力道也更快。一旦繁榮起來，他們就能夠投資在基礎設施的改善上，獲得永不減弱的生產力優勢。

值得注意的是，對一個剛失去一半人口的城市來說，它光明的未來遠超過預期。總之，要是你能活下來，撐過之前那悲慘的十八個月，可能會發現自己置身於生機勃勃的中世紀假期。

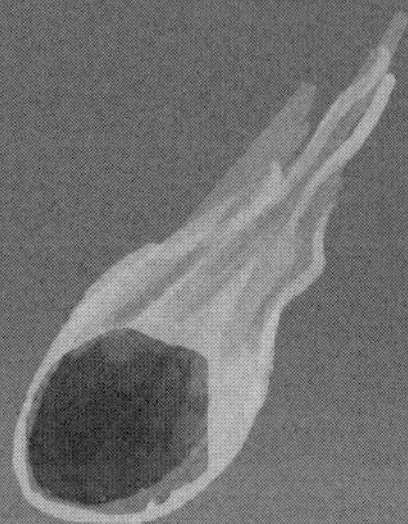

如何在君士坦丁堡淪陷之際活下來？

假設你想去讀讀約翰尼斯・古騰堡[47]最初印刷的一些文本，想看看這件由最初的印刷術所印製的第一批成品，一睹上面的墨跡，畢竟這套印刷術讓知識民主化，以前所未有的力道大舉推升識字率，推動歐洲進入現代。與其說古騰堡發明了一種新的交流方式，倒不如說他發明了向大眾溝通的方法。

所以，你決定回到一四五三年，前往德國的美因茲鎮（Mainz），尋找古騰堡和他的印刷機。我請教古騰堡博物館館長科妮莉亞・施奈德（Cornelia Schneider）要去哪裡才能看到這些遺跡時，她告訴我，可以在一座名為洪布萊希特宮（Hof zum Humbrecht）的一棟大建築物裡找到他的工作室，就在萊茵河畔美因茲大教堂往北走的幾個街區處。在那裡你可以看到古騰堡發明的印刷術，這項技術一直沿用了約五百年，是印刷業的標準步驟。你會看到他花了六個小時仔細排列的兩頁哥德式的印刷字母，在將其塗上墨水後，便可將紙張放在字母上面，接著就通過他那套吱吱作響的施壓裝置，就是這套技術重塑了人際間的溝通方式。你可以拿起其中的一張紙，找個角落，坐在那裡閱讀史上第一份由墨水印製的文本。

剛開始讀這些古本時，你可能會感到驚訝，因為你讀到的不會是著名的古騰堡版《聖經》中的任何一頁。古騰堡印的《聖經》是他所有印刷品中最為出名的，當時一共印製了一百八十本，他這套高效印刷術可說是促成知識、甚至識字民主化的利器。不過，著有《第一版：古騰堡聖經史》（*Edito princeps: A History of the Gutenberg Bible*）一書的普林斯頓圖書館稀有圖書部主任艾略克・懷特（Eric White）對此補充道，在印刷《聖經》之前，古騰堡需要測試他的設備，而且還需要籌集資金。為此，他接下種種小型的印刷計畫，按合約收費。他印了一首德文詩、幾本拉丁文文法書，同時也印製了天主教會的徵召廣告。

所以說，要是你前去參觀一四五三年古騰堡的印刷廠，並且找出史上第一份印刷品來讀，很可能會讀到一則廣告。

那是張徵兵廣告，是號召大家參與十字軍東征的傳單。

教會打出這則廣告是為了要籌募資金和徵召士兵，來因應穆罕默德二世不斷擴張的鄂圖曼帝國，對他們發動新攻勢。時年二十一歲的穆罕默德二世當上蘇丹[48]才兩年，但他已經集結軍隊，兵臨城下，來到君士坦丁堡，就在教會自家

47 編註：Johannes Gutenberg，歐洲地區第一位發明活字印刷術的歐洲人，他的發明引發了一次媒介革命，並被廣泛認為是現代史上的最重要事件之一。

48 編註：阿拉伯語音譯詞，有「力量」、「統治權」等含義，後衍生為伊斯蘭國家的統治者頭銜，在十一世紀被伊斯蘭國家的君主廣泛使用。

大門口。教會擔心，要是失去這座宛如堡壘的基督信仰的東方首都，伊斯蘭教的攻擊可能會持續到西歐，因此他們決定祭出數百年前就用過的這個策略，阻止這項攻勢：他們試圖發起十字軍東征。

但這招並不管用。

懷特表示，這份全球第一張印刷廣告單的效果可說是慘不忍睹。到了十五世紀，歐洲公民早已失去對十字軍的興趣。大家對於要餓著肚子行軍，還要使用鋒利武器來戰鬥的熱情已然消退。即使教會只是要求人們提供資金而不是奉獻生命，也沒多少人買單，教會這邊也對此心知肚明，明白自己面對的是一群憤世嫉俗的群眾。因為多年來，梵蒂岡一直打著這個幌子來跟信徒籌集資金，沒事就捕風捉影地嚷嚷著伊斯蘭將會前來襲擊。正如教宗庇護二世[49]後來所感嘆的：「大家認為我們唯一的目標就是累積黃金，沒有人相信我們所說的話。我們就像無力償債的商人一樣，早已失去信用。」

但是對古騰堡來說，這種傳播媒介算是一大成功，儘管他印製的第一份廣告所傳播的訊息毫無效果。君士坦丁堡準備與鄂圖曼帝國展開一場生死存亡的鬥爭時，歐洲這邊幾乎沒有提供任何資金或兵力的援助。

不過初來乍到的你，並不像中世紀的歐洲大眾那樣對教堂的辭令感到厭倦。假設你被他們這套需要支援君士坦丁堡的言論所打動，並前去參加這座城市的保衛戰，你將會沿著義大利海岸航行，穿過地中海、經過希臘、進入愛琴海，再轉進馬爾馬拉海，然後逆流而上通過博斯普魯斯海峽、進入金角灣，最後在一四五三年春天到達拜占庭帝國的首都。

你正航向一場大屠殺。

在君士坦丁堡外，有八萬名鄂圖曼帝國士兵蓄勢待發，準備圍攻。領軍的蘇丹是二十一歲的穆罕默德二世（Mehmed II），他臉上長的那顆大鷹勾鼻正好呼應他的勃勃野心，後來有一位肖像藝術家曾形容他的鼻子彎得「快要碰到嘴唇了」。當他的父親穆拉德（Murad）去世後，穆罕默德下令淹死他的小弟，以免出現任何的繼承問題[50]。接著他就動員整個帝國的力量攻下君士坦丁堡。他

49 編註：Pius PP. II，一四〇五～一四六四，受人文主義教育，曾經是一位著作等身的學者、詩人和歷史學家。

50 原註：穆罕默德二世相當熱衷手足相殘，甚至還將此舉正式納入律法，並且建議他眾多的兒子們，日後無論誰登基當上蘇丹，都應該「為了維護世界秩序的利益」而殺死他自己的其他孩子。他的兒子巴耶濟德（Bayezid）殘忍地接受了他的建議，一夜之間下令勒死他那十九個兄弟姊妹。有一些歷史學家認為，巴耶濟德還毒死了他的父親穆罕默德二世，他是在四十九歲那年突然患病去世。

後來表示，他一直都夢想著要讓這座城市成為鄂圖曼帝國的首都，由他本人來實現先知穆罕默德的預言：「將來會有人前來征服君士坦丁堡。偉哉征服的指揮官！偉哉兵士們！」

在登基成為蘇丹的兩年間，穆罕默德調動鄂圖曼帝國的巨大資源，在博斯普魯斯海峽最狹窄的地方，為他自己建造了一整座城堡，取名為博阿茲克森（Boğazkesen）字面上的意思是「割喉者」，興建這座城堡的唯一目的就是阻擋外界對君士坦丁堡的援助。然後他聘請了一位匈牙利專家為他建造當時世界上最大的大砲「巴西利克」（Basilic），這不僅是當時最大的火砲，也是有史以來建造出的最大類型的砲台。這座砲完全由青銅鑄造，長約七點三公尺，可以發射六百磅重的砲彈，射程可達一、兩公里。但這套設備卻不太實用，槍管需要長達三小時的冷卻時間才能再次發射，而且砲台重達三萬五千磅，需要動用六十頭牛和四百人才能移動。最終，由於大砲的發射次數有限，無法發揮什麼太大的作用，不過穆罕默德二世在軍事防禦的準備上，幾乎沒有停下腳步。他建造了至少六十艘船，還僱用了傭兵，並訓練出一支至少有八萬名士兵的軍隊。

一四五三年四月六日，他在君士坦丁堡城牆外集結了他的大砲、船隻和士兵。

但這些城牆可不容小覷。

君士坦丁堡（今日稱為伊斯坦堡）是一座天然堡壘，坐落在延伸至馬爾馬拉海的半島頂端，正好在海峽交匯處，一邊是沿著城市北緣出海的金角灣，另一邊則是東側的博斯普魯斯海峽。這座城市三面環海，都是深水區，面向大海的正面矗立著五至十公尺高的石牆。只有西側與土地接壤，就是在那裡，矗立著雄偉的狄奧多西城牆。這些城牆是由皇帝狄奧多西二世（Theodosius II）在公元四一三年建造，是歐洲最堅固的防禦建築。

狄奧多西城牆不是只有一面城牆，而是由三道城牆組合而成。第一道是完全由石頭打造的石牆屏障，高一點八公尺，位於十八公尺寬、九公尺深的護城河後面。在這道低牆後方聳立著一座九公尺高、四點五公尺厚的外牆，而在其後方隱約可見一座約二十公尺高的內牆，內牆的兩端都與堡壘相連，當中散布著超過九十六座間隔固定的九公尺高的塔樓。

狄奧多西皇帝之所以建造這座極其雄偉的防禦建築，是因為這座城市位居海陸貿易路線樞紐，又有一天然的深海港口，一千多年來一直是兵家必爭之地，常遭到嫉妒豔羨者的攻擊。穆罕默德二世不是第一個覬覦君士坦丁堡的皇帝，也不是對此動念的第一位鄂圖曼蘇丹，甚至不是他家族中第一位企圖拿下這座城市的蘇丹。早在一四二二年，他的父親就發動過三個月的圍城，率領一萬名士兵企圖攻城，但鎩羽而歸。斯拉夫人[51]則分別在五四〇年、五五九年和五八一年先後發動進攻，也都以失敗告終。在六二六年，一萬兩千名君士坦丁堡守軍擊敗了八萬名波斯和阿瓦爾士兵，而在六六九～六七九年間，阿拉伯也持續對這座城市發動圍攻，幾乎沒有停歇，那也失敗了。君士坦丁堡的巨大防禦工事讓這座城市屹立不搖，幾乎在每次襲擊中都倖存下來，除了在一二〇四年，當時抵不過一次基督教十字軍的襲擊，十字軍在拜占庭人重新取得掌控前，圍攻並洗劫了這座城市。

但城牆再高還是需要防守人力，等你航行到君士坦丁堡時，拜占庭帝國早已失去昔日的輝煌。一千多年前，發展到鼎盛時期的拜占庭人[52]自稱為東羅馬帝國（Eastern Roman Empire），征服了整個地中海。他們的領土從今天的西班牙一路延伸到耶路撒冷，再進入北非。在這座城市，你可以從周圍宏偉的建築、藝術品和圖書館看到帝國昔日的財富和繁華。這些建築包括建於六世紀的聖索菲亞大教堂，建築高度近五十公尺，曾經是當時全球最高的建築；你還會看到他們宏偉的競技場，這座競技場建於三世紀，用於舉辦城市的巨型戰車比賽，可容納多達十萬名觀眾，容量是羅馬競技場的兩倍多。

拜占庭帝國曾是這個區域，甚至是全世界最強大的一個帝國，但千年的飢荒、瘟疫和正在崛起的鄂圖曼帝國不斷削弱著其勢力，昔日的輝煌如今僅剩些許餘暉。當你到達時，這個曾經征服地中海的帝國，連自己的半島都難以控制。在帝國的鼎盛時期，這座城市的居民多達五十萬人，但到了十五世紀，這個數字銳減，剩不到五萬人。過去帝國可以動用三大洲的資源來捍衛自身，但當穆罕默德和他的八萬士兵衝進城牆時，這座城市只能召集到七千名士兵前來防禦。[53]

你可以加入防守軍的行列，但要謹慎小心，腦子要靈光些。海堤處的戰鬥最少，因此是最為安全的任務。不幸的是，你比較有可能被派往狄奧多西城牆，

51 編註：分布在東歐、中歐與俄羅斯等地的斯拉夫語族，本來居住在波蘭東南部，後來開始向外遷徙，現在的斯拉夫民族可以區分為南斯拉夫人、西斯拉夫人與東斯拉夫人。

52 編註：指古典時代晚期和中世紀以中古希臘語為母語、信仰東正教的東部羅馬人，他們是東羅馬帝國治下君士坦丁堡、安納托利亞（現代土耳其）、愛琴海諸島、賽普勒斯及巴爾幹半島南部部分地區的主要居民。

53 原註：含你是七千零一人。

那裡是鄂圖曼帝國軍主要的攻擊點。即便如此，在這道城牆上還是有危險程度的差異，某些區段會比其他部分更危險。如果可以的話，盡量避免被派去中城牆（Mesoteichion）那一段。那裡是利克斯河的流經之地，城牆最為薄弱，也是穆罕默德集中火力攻擊的地方。試著去防守位於北部或南部邊緣的城牆。你在那裡可以看到鄂圖曼軍隊建立營地，將船隻駛入博斯普魯斯海峽，並且部署他們龐大的火砲部隊。

在一四五三年四月六日那天，你會看到巴西利克大砲冒出一大股煙霧，然後聽到遠處傳來巨大的轟鳴聲，並感覺到城牆遭受到六百磅重的石球撞擊而顫動。在早春的某一天，圍攻開始了，拜占庭帝國一千年的統治也接近尾聲。

最初在建造狄奧多西城牆時，並沒有考慮到要抵禦大砲，因此在遭受六百磅重的石球撞擊時，柵欄中的石頭就會碎裂。不過，這道外牆的厚度超過九公尺，而當時的大砲也很粗糙。儘管有些會擊垮城牆的某些段，但你和其他守軍可以在夜間和砲擊的間隔中趕緊撤退下來，在鄂圖曼軍隊發動攻擊前，用木頭、泥土和碎石來修補空隙。只要不斷地修復補強，這些城牆還是能夠矗立不墜。

到了四月十二日，在接連不斷的六天砲擊後，鄂圖曼軍隊發動了第一次的正面攻擊。這場戰鬥乍看之下可能會讓人以為他們是來真的，但穆罕默德二世只是在試探，他並沒有打算在這場戰爭的早期階段就傾盡全力。他只是在試探虛實，想要測試這座城市，以及當時主要負責防守的喬瓦尼・朱斯蒂尼亞尼（Giovanni Giustiniani）的意志力和防禦戰術，這位防守將領是名熱那亞戰士，也是個兼職的海盜。別擔心，這座城市輕易地通過這項考驗。

鄂圖曼人將攻擊集中在城牆破碎後的一些縫隙上，但在那些狹窄的小路上，他們龐大的人數就毫無優勢可言。地面部隊將他們的前線打得陷入停滯，而你和城牆上的守軍則可以朝他們射箭、丟擲石塊，拿著火槍前身的「長槍」（culverin，一種簡易的手持加農砲）朝他們射擊子彈，還可以用長矛和沸騰的油來進行攻擊。有些攻過來的敵軍會用梯子和抓鉤來爬牆，但你可以砍斷繩子，或是推倒梯子，並與少數那些不幸爬上牆頂的人交戰。在經過四個小時的戰鬥後，鄂圖曼軍隊傷亡慘重地撤退了。如果你一直留守在內牆的頂部，你應該是安全的——運氣好的話。

在陸地發動的攻擊慘敗後，穆罕默德決定再試一次，這次他是從海上來發動。這座城市的防禦措施幾個世紀以來都是一樣，會在金角灣入口處延伸出一條巨大的防禦鏈，防止前來攻擊的船隻包圍這城市的海岸線，然後派出海軍來保衛這條防禦鏈。

儘管穆罕默德的船隻數量，超過了君士坦丁堡的船隻數量，但這座城市的海軍占盡優勢，在第一次海戰中，鄂圖曼再次慘敗。四月二十日那天，甚至有四艘歐洲船隻成功突破鄂圖曼帝國的封鎖，為這座城市帶來急需的援助。但穆罕默德二世在戰術上展現出一天才之舉，他讓海軍艦隊駛上塗油的原木，改行陸路，繞過喬瓦尼的封鎖。

如果可以的話，盡量避免去參加這些海戰，要是軍令難違，也千萬不要讓自己被俘虜。鄂圖曼人殘酷地折磨了他們俘虜到的六十名水手，最後還加以處決。拜占庭這邊當然也採取了報復，將俘虜來的兩百六十名鄂圖曼兵士全都押上城牆，在上方執行斬首。

對君士坦丁堡的防禦來說，失去對金角灣的掌控是一大打擊，但這還不算是致命的打擊。在接下來的一個月裡，鄂圖曼軍隊的每項戰術和進攻都以慘敗告終。到了五月七日，他們再次攻擊城牆，這次他們用泥土和碎片填滿護城河，並將巨大的木塔推到城牆邊。但這看似巧妙的計畫卻迎來一場災難性的結局，君士坦丁堡的士兵在夜間拿著一袋袋的黑火藥溜出去，引爆了這些巨大的建築。要是你需要在慘敗的海戰後證明自己的勇氣，可以加入他們的行列。他們大獲成功，平安地回來。

穆罕默德的翻牆攻城計畫失敗後，他命令軍隊前往城牆下方。他讓礦工在城牆下挖隧道，想來個一石二鳥，一方面破壞城牆的穩定性，二來又可以讓士兵偷偷潛入守軍防線的後面。君士坦丁堡這一邊則是用自己的隧道反擊。他們攔截到一些不幸的礦工，並拷問他們其他隧道的位置。在找到這些隧道後，他們便在當中放火，製造煙霧。

等到五月二十五日，你們已經成功防禦了一個半月，這時你可能會開始覺得自己有機會活下去，並且相信這座城市會再次撐過去。儘管城市中的儲糧開始減少，但城牆內的農田可以生產足夠的糧食，讓人溫飽，就連穆罕默德本人也開始動搖，懷疑鄂圖曼大軍攻不下這座城。於是他提出了一份協議，當中提到如果帕里奧洛戈斯皇帝願意投降，讓出君士坦丁堡，他保證不碰君士坦丁堡裡所有的人一根寒毛，對他們的財產也是分文不取。

但帕里奧洛戈斯悍然拒絕，穆罕默德二世認為他現在唯一的選擇，就是發動最後一次的全面進攻。在土耳其營地的間諜將穆罕默德的決定傳回君士坦丁堡，雙方都為決戰做好了準備。

在五月二十八日這天，鄂圖曼軍隊決定休息和祈禱，而君士坦丁堡這邊則在聖索菲亞大教堂舉行了盛大的儀式。

這時你沒多少時間可以待在君士坦丁堡，要趁穆罕默德二世讓他的軍隊休息時的幾個小時活動。請善用這些時間，你需要搶救君士坦丁堡中最有價值的財產。

你需要搶救那裡的書。

有千年歷史的君士坦丁堡皇家圖書館，曾是世界上藏書最豐富的圖書館，收藏有十萬多份古希臘哲學家的手稿，其中許多可能是世界上唯一的一份。這些書不僅代表人類求知的好奇心，或是有價值的文物。在早已忘記古希臘知識的中世紀歐洲，這些古老的著作中記錄著革命性的哲學，成為日後文藝復興時期掀起知識革命的催化劑。「文藝復興」（Renaissance）一詞來自於法文中的「重生」，因為這場知識運動並不是由新觀念所引發的，而是重新發現非常古老的思想。

在君士坦丁堡即將失守之際，另一邊的歐洲，正對古希臘羅馬的思想和發現益發感到渴望。這種興趣早在一個多世紀前就開始了，當時一位名叫彼特拉克（Petrarch）的義大利詩人（日後被譽為文藝復興之「父」），發現了一系列被世人遺忘已久的信件，這是來自古羅馬政治家西塞羅（Cicero）和他兒時友人阿提克斯（Atticus）往返討論的書信，內容是討論古希臘哲學家的思想。這些信件在中世紀學者之間，激發了一場重讀古希臘羅馬哲學家著作的運動，他們將歐洲帶出了彼特拉克口中那個「黑暗時代」，引發了歐洲歷史上最重大的一場知識革命。

收藏在君士坦丁堡的希臘古籍，還有在歐洲修道院中那些正在腐爛的這類文本，包含了哲學和難以想像的科學發現，而且比一千多年後的歐洲科學家要先進得多。其中包括像德謨克利特（Democritus）這類學者的理論，生活在公元前四百年的他，提出了一個非凡的論點，他認為人類、地球、天空和宇宙中的一切都是由單一的微小粒子所組成的，這些粒子結合在一起的方式有無限多種，由此形成了複雜的結構，他稱這些粒子為「原子」（atoms）。

這些書中還有更為激進的言論，像是古希臘哲學家伊比鳩魯（Epicurus）的思想，他是以德謨克利特的思想為基礎來進一步推論，指出若是宇宙真是建立在原子（atoms）和虛空（void）之上，那麼人類在宇宙中所占據的位置並不比任何其他生物或物質更特殊。在他看來，既然沒有物質階層的存在，那麼不管是人類，還是日月星辰，都不可能是至尊的天神造物，而只是原子的短暫碰撞：從無到有，最後注定歸於虛空。而在伊比鳩魯看來，認識到這一點非但不會引發存在危機，反而帶給他極大的自由。這使他擺脫了取悅諸神的負擔，也無須再為了贏得諸神青睞而無望地犧牲。他得以自由地去尋找讓他快樂的事情，追求科學發現，並避免那些帶給他痛苦的事情。如果在痛苦中沒有任何獲得，那麼受苦就毫無意義。

中世紀是由正教會（Church orthodoxy）所主導的時代，而正教會認為，追求快樂的行為是一種罪，受苦才是走向救贖之路，也不鼓勵科學探究，因為這是在窺探「上帝的秘密」。伊比鳩魯的這套想法很有深度，但也充滿爭議性和感染力，這些想法最後引發了一場名為「人文主義」（Humanism）的哲學運動，在背後驅動著文藝復興。人文主義將行動主體回歸到自我，而非受制於神聖或超自然力量，這在根本上重新架構了歐洲哲學和科學。人文主義者不一定是無神論者，事實上，他們大多數都是虔誠的羅馬天主教徒。但他們將追尋幸福作為人類的中心目標，為世間問題尋求理性解釋，並將關注焦點轉移到人類身上，而不是神性。許多文藝復興時期的著名哲學家和思想家都在人文主義者之列，包括後來教廷因其「異端邪說」而處以火刑的喬丹諾・布魯諾[54]、馬基維利[55]和李奧納多・達文西。[56]

就在西歐對古希臘作品的興趣開始增長之際，從君士坦丁堡逃出來的難民帶來了滋養這些興趣的方法，他們帶著古籍文本和能解讀這些書籍的語言過來了。學者約翰・阿吉羅普洛斯（John Argyropoulos）也在這些難民中，他在君士坦丁堡淪陷的浩劫中倖存下來，逃到了佛羅倫斯，在那裡他繼續翻譯大量古希臘文本，並向包括達文西在內的學生教授古典希臘語，最後在一四八七年於羅馬去世（據說是因為過度食用西瓜）。

54 編註：Giordano Bruno，一五四八～一六〇〇，文藝復興時期的義大利哲學家、數學家、詩人、宇宙學家和宗教人物。

55 編註：Machiavelli，一四六九～一五二七，佛羅倫斯共和國的政治學家、哲學家、歷史學家、政治家、外交官，被稱為「近代政治學之父」，代表作為《君王論》。

56 編註：Leonardo da Vinci，一四五二～一五一九，文藝復興時期佛羅倫斯共和國的博學者與藝術家之一，和米開朗基羅、拉斐爾並稱「文藝復興三傑」。

君士坦丁堡淪陷

1453 年 4 月 6 日

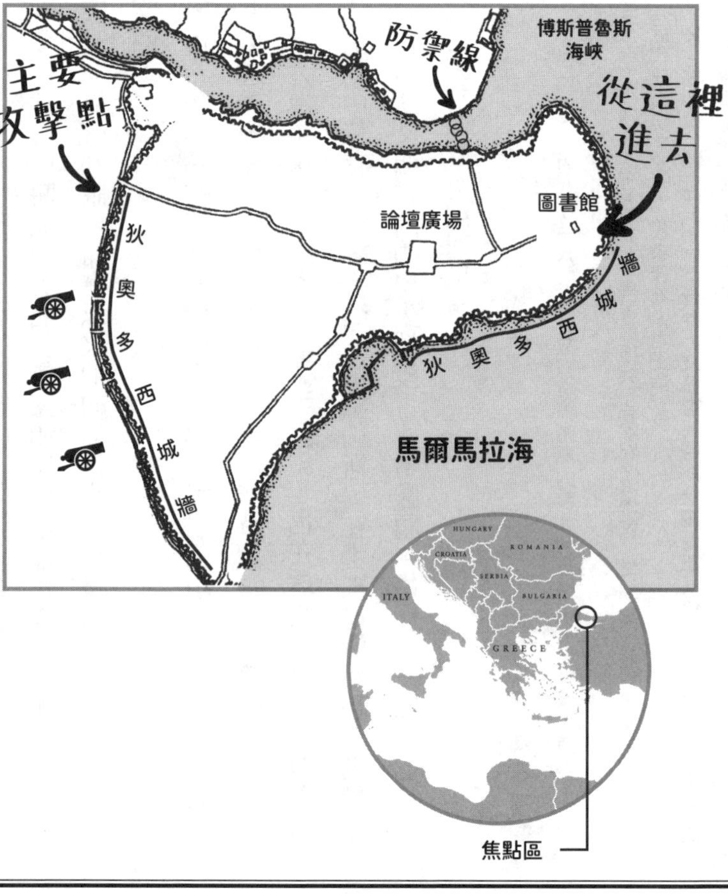

你需要幫助他。

你可以加入這批前去義大利的難民，為西歐人文主義運動的火花注入燃料，協助推動科學、政治和藝術領域中更深層的革命，這些革命的深遠影響流傳至今。你只需要先搶救幾本書。

你可以在宮殿入口附近找到圖書館（請參閱地圖）。當你進去時，先去找那些我們確知存在但從未被發現的學者著作，例如第歐根尼[57]的大部分書籍（你會看到他的名字被寫為Διογένης）、荷馬[58]的第一首詩、薩摩斯的阿里斯塔克斯[59]和他關於地球和行星繞太陽運行的瘋狂理論，以及亞里斯多德[60]的大部分著作。

你必須等到午夜才能行動。

57 編註：Diogenes，公元前四一二～公元前三二四，希臘時期犬儒學派（Cynicism）的代表人物。

58 編註：Ὅμηρος，約公元前九世紀～公元前八世紀，相傳為古希臘的吟遊詩人，生於小亞細亞，失明，創作了史詩《伊利亞特》和《奧德賽》，兩者統稱《荷馬史詩》。

59 編註：Ἀρίσταρχος，公元前三一〇～公元前二三〇，古希臘天文學家，數學家。

60 編註：Ἀριστοτέλης，公元前三八四～公元前三二二，古希臘哲學家，柏拉圖的學生、亞歷山大大帝的老師。

五月二十九日的凌晨，鄂圖曼軍發動第一波攻擊，士兵衝撞君士坦丁堡的防線，這意味著你需要趕緊離開圖書館，返回城牆，以免落得擅離崗位怠忽職守的罪名。

在夜幕的掩護下，穆罕默德派出他的第一批軍隊，人稱巴希巴祖克軍（Bashi-bazouk），這是他僱來的傭兵軍團，由斯拉夫人、匈牙利人、德國人、義大利人，甚至還有一些希臘人所組成，他們是為了工資和戰利品而戰。他們前去測量城牆的長度，甚至還測試了一些海堤的防守力，但派出這些人只是為了分散注意力。穆罕默德的主要目標，是萊卡斯河（Lycas River）上方的薄弱城牆，他認為這是他拿下這座城的最好機會。他們不斷地往這片城牆奮戰，持續了兩個小時，但毫無斬獲。他們瘋狂地戰鬥，沒有紀律，沒有組織，最終他們撤退時，留下數千同袍在那裡。

穆罕默德並沒有因此而受到嚇阻。巴希巴祖克軍團是他旗下最弱的一支，也是他最能消耗的，他們的作用只是要讓對手疲憊。在太陽還沒升起前，穆罕默德二世就派出他的第二支軍隊，這是由安納托利亞人（Anatolian）組成的。安納托利亞人是虔誠的穆斯林信徒，他們擁有更好的武器，也受過更精良的訓練，而且他們的參戰動機遠不止於金錢財物。與傭兵不同的是，他們自有一套組織系統，還會用梯子和抓鉤爬牆，將戰場帶到牆頂。這時為了自救，你可能得開始動用肉搏的武器，包括那把危險的長槍。

在這第二波攻擊中，一顆砲彈在外牆上打出了一個洞，安納托利亞的軍團就此衝了進來。這時也許你會覺得一切都要完了，但拜占庭守軍不僅在城牆上擊退了安納托利亞軍，還包圍住進攻的士兵，將他們驅逐出去。他們擊退了安納托利亞人，將他們從牆上的洞口推了出去，並堵住這一巨大缺口。

至此，戰鬥已經持續了四個小時，安納托利亞軍團傷亡慘重。你和城市的其他守軍也感到筋疲力盡，儘管如此，你們還是再次成功地擊退鄂圖曼帝國的攻擊。鄂圖曼人之後又發動兩次攻擊，但也都傷亡慘重地撤退。這時你也許開始樂觀起來，猜想又有一個帝國要敗在這道不可逾越的狄奧多西城牆下，輸得一敗塗地。

但之後穆罕默德將發動他的第三波，也是最後一波攻擊。

在凌晨四點，離陽光照在這駭人場景前還有幾個小時，穆罕默德的禁衛軍向城牆前來。這批禁衛軍是鄂圖曼軍隊中最優秀的士兵，他們最有紀律，而且訓練有素，他們是穆罕默德最後的希望。鄂圖曼人第三次用梯子和繩索爬上城牆，沿著護牆展開戰鬥。

你重新幫你的長槍裝彈上膛，因為這次也同樣演變成，拚個你死我活的激烈殘暴場面。儘管這批禁衛軍的戰鬥力更加嫻熟、協調性強、也更加忠誠，但拜占庭的防守依然屹立不搖。鄂圖曼軍的攻擊力開始減弱，當太陽升起時，你甚至會感受到一絲希望。不幸的是，天一亮，就接二連三地發生好幾場災難。

首先是拜占庭守軍中有人忘記關上「科克波塔」（Kerkoporta）城牆出口的一處小門，當初打開這扇門是為了在戰鬥中偷溜出去，直接對敵軍發動突擊。禁衛軍中有士兵注意到拜占庭軍犯下這個錯誤，趕緊衝了過去。接著，在早上六點，一顆禁衛軍的子彈擊中了防守軍指揮官喬瓦尼。根據記載，當喬瓦尼的部下將他護送出戰場時，拜占庭軍的士氣瞬間崩潰，守軍衝回城內，試圖挽救自己和家人的生命，此刻戰局發生了決定性的轉變。鄂圖曼禁衛軍從內部打開了聖羅馬諾城門（San Romano），最後便將君士坦丁堡洗劫一空。最後一次看到帕里奧洛戈斯皇帝是他帶著武器衝進迎面而來的敵軍中。根據一份描寫，這時君士坦丁堡的街道血流成河，「就像一場突如其來的暴風雨後流在排水溝裡的雨水」。

此時，你需要趕緊行動。

如果你在城裡的街道上被抓住，恐怕難逃酷刑、死刑或奴役的下場。好在目前進攻的敵軍都暫時為城裡的寶藏所吸引，他們的貪婪為你留下兩條逃跑路線。第一條是從城市港口出發，當時有幾艘船成功逃離了無人看守的港口。然而，到了上午，鄂圖曼軍就會關閉港口。這些稍早開走的船隻是最好的逃生管道，要是你錯過了，還有最後一個選擇：可以試著殺出一條血路，拚命之後，還是有離開的可能。

在距離金角灣入口最近的三座塔樓裡，一群頑強的克里特戰士決定死守陣地。他們把自己圍在塔樓裡，用盾牌和長矛在狹窄的樓梯上形成一條致命的封鎖線，走廊上滿是鄂圖曼士兵的屍體。這批克里特戰士成功擊退了前來進攻的鄂圖曼軍隊，長達八個多小時，弄得他們死傷慘重，甚至被迫停戰。在鄂圖曼軍提出的招降條件中，允許克里特人安全出城。你可以加入這些克里特士兵，拿起盾牌和長矛，如果你能在八小時的戰鬥後活下來（也就是說，從清晨開始你得連續進行十五個小時的肉搏戰），那麼在下午稍晚的時候，你就可以隨著他們登船離開，這將是最後一批離開這座城市的船隻。

返回歐洲的旅程可能漫長而艱辛，在你登上歐洲大陸時，那裡的人對君士坦丁堡淪陷的消息感到驚慌失措。但你也會接觸到一股對科學、藝術、哲學日益產生濃厚興趣的文化，並且十分珍惜你帶來的古書（希望如此）。只要你別在梵蒂岡管轄範圍內讀這些書，也許不要沒事再去讀什麼傳單廣告，就算是那些複印出來的。

如何成功完成
第一次
環球航行？
RUN——

要是你喜歡冒險犯難的旅行，而且有三年的時間可以四處闖蕩。在面對新的地方、語言和文化時你會感到興奮莫名，對住宿環境又不挑剔：你不介意洶湧海浪濺起的飛舞水花，不在乎腐肉和不洗澡的水手在四處散發的惡臭，也不介意被尿液浸濕的硬麵包的臭味。

那麼，你的這趟時空之旅可以穿越到一五一九年八月九日西班牙的塞維亞，去那裡加入費迪南德・麥哲倫（Ferdinand Magellan）的艦隊，展開一場尋寶和發現之旅。

你將踏上的是一段人類史上的偉大探索之旅，駛離已知地圖的邊緣，找到穿越美洲大陸的神秘海峽，完成全球第一次的環球航行，你們去的地方極度遙遠，甚至因此而多獲得一天的時間，同時還能為地球的已知周長再增加一萬一千多公里，並且完成克里斯多福・哥倫布[61]直到去世前都自認完成的創舉，同時還可以發財致富。但首要任務是你得一路活下去。

沒有多少人能做到這一點。

在麥哲倫這次的環球航行中，最初從塞維亞出發時一共有兩百六十名水手和五艘船，最後成功返回的只剩一艘船和十八名水手。要在全球首批環球航行者間爭得一席之地，你得熬過飢餓、營養不良、脫水、遺棄、背叛、海難、破壞、壞血病、海戰、陸戰、叛亂，以及地球上最危險的航道。

你的第一步：妥善地收拾行囊。

由於你只是個普通水手，只會分配到一個行李箱來存放自己的個人物品，請明智地使用這個空間。衣服方面，可以帶上一般西班牙水手穿的衣服：連帽的廉價亞麻襯衫、腰間繫著繩子的羊毛套頭衫，以及在惡劣天氣時穿的藍色大斗篷。褲子應該要選輕薄、寬鬆的款式，長度剛好過膝。記得帶一只空瓶來裝你在船上分配到的酒，還有一副撲克牌和幾本書來打發時間；可以帶上大量的刀具，這些能夠在菲律賓換到新鮮食物，也能在印尼交換到香料；**最重要的是**，盡量多買幾罐榲桲[62]這種類似梨子的水果所做的果醬。這價位有點貴，但之後你會發現非常值得。

在八月九日那晚抵達碼頭時，記得把自己打扮得像是個出海過的水手，這

61 編註：Christopher Columbus，一四五一～一五〇六，歐洲中世紀至近代的著名航海家、探險家與殖民者。

62 編註：Cydonia oblonga，又名木梨，是榲桲屬中唯一物種。

樣應該就能輕鬆找到工作。基於那些你很快就會親身體驗到的航行條件，無敵艦隊其實難以招募到願意上船的水手。麥哲倫的招募人員走遍大街小巷，探訪了從塞維亞到直布羅陀的每一間酒吧，才招募到足夠的水手，願意參加這段為期兩年，而且目的地不明的航行。換言之，他對水手人選幾乎不挑剔。扛起你的行李箱，拉起你的睡褲，戴上你的帽子，應該就可以在船上找到一個位置。

麥哲倫網羅的船員來自歐洲各地。他們說著不同的語言，有德語、法語、加泰隆語、西班牙語、義大利語和希臘語等語言，因此你也不必太過擔心語言障礙的問題。大多數人的航海經驗應該都比你豐富，除了其中一位——但他可能是船員中最重要的人。身材矮小的安托萬．皮加費塔（Antoine Pigafetta）是義大利人，他為了冒險而前往西班牙旅行，當他聽說麥哲倫即將展開的旅程時，他以負責撰寫無敵艦隊日誌的工作請求上船。值得注意的是，儘管經驗不足，皮加費塔也名列成功返回的十八人隊伍中，他詳細描述了這趟旅程，儘管有時詞藻過於華麗，但這本日誌成了這次偉大航行的第一手資料。跟緊他準沒錯。

在塞維亞碼頭上，你會看到停有五艘塗著焦油黑的船隻準備起航：「聖安東尼奧號」（San Antonio）、「康塞普西翁號」（Concepción）、「維多利亞號」

（Victoria）、「聖地亞哥號」（Santiago）和旗艦船「特立尼達號」（Trinidad）。每艘船的大小與現代的中型遊艇差不多，長度約在十八至二十一公尺，排水量則在八十至一百二十噸之間。船體採用西班牙的「克拉克」（carrack）風格來建造，因此船身吃水淺，可以從塞維亞沿著瓜達爾基維爾河駛向公海。船上有三根桅杆，採用U形設計，中間較低，但前後甲板上升高於水線九公尺以上。高甲板可以抵禦南太平洋許多小型船的攻擊，頭重腳輕的設計會讓整艘船在航行時劇烈搖擺，即使在風平浪靜的溫和海面上也是如此，但這種設計卻有著意想不到的好處，能夠降低翻船的可能性。當然，這會帶來暈船的問題。

如果可以選擇的話，請選無敵艦隊的旗艦船「特立尼達號」，這是由總司令費迪南德．麥哲倫本人直接管理。這很重要——倒不是因為麥哲倫是位好相處的船長，幾乎可以肯定你在他手下辦事不會覺得日子很好過。

麥哲倫是個身材矮小粗壯、個性強烈的人，他留著一臉烏黑的鬍鬚，性格冷酷，總是愛分析事理，這些人格特質非常不討人喜歡，從他的下屬到國王本人都對他沒好感。他深深著迷於環遊世界的榮耀，這樣的痴迷甚至導致他被驅逐出祖國葡萄牙，甚至在船還沒駛離碼頭前，他就差點遭受酷刑，甚至處以死刑。換句話說，他永遠不會讓這些船掉頭。就算是危及到他的生命也不會，若攸關的只是你的生命，他當然更不會。這樣看來加入以他為首的這條船似乎是個糟糕的選擇（確實，後來當他的副船長發現他這種熱愛冒險的習性後，也是有想過要換個領導者），但即使他很樂意冒著你的生命危險去追求他的海峽，他也是少數有能力能拯救你性命的人。

麥哲倫是薩布羅薩鎮（Sabrosa）鎮長的兒子，他加入葡萄牙海軍時正值軍隊開始將巴塞洛繆・迪亞斯[63]和瓦斯科・達伽馬[64]等傳奇船長的偉大探險轉化成他們的海軍實力之際。在二十四歲時，他就跟著葡萄牙第一支無敵艦隊的一千五百名水手和二十艘船一起航行到東方，當時葡萄牙海軍在坎諾諾海戰（Battle of Cannanore）中戰勝了兩百艘印度船，大獲全勝，但他在參戰時受傷。三年後，他再次繞過非洲的好望角，這次是準備前往馬來西亞的麻六甲執行探索任務，麥哲倫在那裡買下了一名來歷不明的奴隸，並讓他受洗，取名為「恩里克」（Enrique）。請記住他的名字。

在麻六甲時，麥哲倫也救了同行的一位葡萄牙水手弗朗西斯科・塞拉（Francisco Serrão）。塞拉後來躋身在第一批踏上香料群島（即印尼的馬魯古群島）的歐洲人。他寫信給麥哲倫，告訴他這裡的土壤能夠生長出財富，還描述了這裡的位置，這是最引人遐思的部分，因為他信中的描述意味著他們距離東方很遠，這讓麥哲倫相信他可以從葡萄牙向西航行，而不是向東，這樣會更快地到達這些島嶼，前提是如果他可以找到一條穿越美洲的航道。

當麥哲倫返回葡萄牙時，他向葡萄牙國王曼努埃爾一世（Manuel I）提出了他的航海計畫，但遭到國王拒絕，理由可能跟當年約翰二世拒絕哥倫布時相同。所以，就跟哥倫布一樣，麥哲倫也轉向西班牙，此舉不僅讓他冒著叛國和遭受酷刑處決的風險，而且與西班牙人一起航行絕對是雪上加霜，他們的船隊甚至在還沒離港前就已彌漫著叛變的氣氛。儘管他是無敵艦隊的「總司令」，但其他四艘船的船長都是西班牙人，他們不僅嫉妒這位葡萄牙籍的指揮官，也對他抱持著懷疑的心態。

總之，在一五一九年八月十日早上，你和「特立尼達號」以及摩鹿加艦隊

63 編註：Bartolomeu Dias，一四五一～一五〇〇，葡萄牙貴族和著名航海家，於一四八七年帶領船隊航行至非洲大陸最南端並發現好望角，為葡萄牙開闢通往印度的新航線奠定了堅實的基礎。

64 編註：Vasco da Gama，一四六九～一五二四，葡萄牙著名航海探險家，也是人類史上第一位從歐洲遠航到印度之人。

（Armada de Moluccas）的其他船隻一起駛離了塞維亞的碼頭，沿著瓜達爾基維爾河進入大西洋。

六週後，你們會踏上特內里費島（Tenerife），在那裡停留一段不算長但也不短的時間，剛好讓你們明白兩件難以置信的不幸事件。首先，商人騙了你們的錢，攸關生命的存糧可能有問題。再來是，麥哲倫接獲消息，葡萄牙已派出軍艦來抓捕他，要是被抓，勢必得面臨監禁、刑求，甚至處決的命運。為了逃脫，麥哲倫規劃了一條瘋狂的路線。他預計沿著時常有暴風雨的非洲海岸向南航行，而不是立即橫渡大西洋。但他不想告訴他那批疑心很重的西班牙同志們，光是他本人的存在就已經夠麻煩了，現在還害大家陷入這麼巨大的危險中，於是他就斷然選擇這條危險路線的原因，沒有多加解釋，然而這只是加劇他們之間劍拔弩張的緊張局勢。

狂風巨浪連續六十天猛烈地撞擊著你們無助的船隻。皮加費塔寫道，在一場特別強的暴風雨中，水手們感到大難將至，紛紛開始哭泣。你反倒是沒那麼憂傷，因為你已經暈船到希望一死了之。然而，不知何故，死神從未降臨，海面終於平靜下來，風浪也是。一五二〇年一月十日，你們橫渡了大西洋，沿著南美海岸航行，抵達現在巴西的南端，這在當時歐洲的世界地圖上，已經是最邊緣的地方，沒人知道那後面是什麼。

在那裡，麥哲倫駛進拉普拉塔河（Rio de la Plata），開始尋找他心目中穿越美洲大陸的神秘海峽。拉普拉塔河是今天阿根廷和烏拉圭的邊界，它寬廣的河口帶來了第一個希望。艦隊沿著寬闊的河口航行三天，希望找到太平洋，但卻只有發現淡水，這為你們後來一次次希望落空的處境拉開了序幕。

你們繼續向南，麥哲倫要求船隻放慢速度，免得錯過他要尋找的海峽。他只在白天航行，而且是緊貼著海岸線，這也造成船隻不止一次地擱淺在淺灘上。他派人搜索了每一處的海灣、河流，尋找穿越大陸的通道，但這種探勘活動會減慢船隊的前進速度，增加航程的危險。就在你們駛進地球上暴風雨發生的熱點區時，時序也從夏季進入到秋季。到了三月三十一日，在經過幾次日益頻繁和猛烈的暴風雨後，你們又遇到一場特別令人痛苦的大風，就連麥哲倫也認為無法再繼續前進。但他並沒有掉頭，只是讓艦隊下錨，停泊在距離南美洲最南端約六百四十四公里的聖朱利安灣，這裡多少有點屏障，但是個寒冷而荒涼的地方。

有六個月的時間，你們就住在簡陋的遮蔽物中，靠著微薄的口糧度過寒冬。不出所料，整個艦隊的士氣低落，彌漫著叛變的情緒。

復活節週日晚上，探險隊的副指揮官胡安・德・卡塔赫納（Juan de Cartagena）說服了「康塞普西翁號」和「維多利亞號」的兩位西班牙籍船長加斯帕・克薩達（Gaspar de Quesada）和路易・德・門多薩（Luis de Mendoza）發動叛變，他們以麥哲倫選擇沿著非洲海岸航行的危險路線為由，並指出麥哲倫偏執的搜尋狂熱會害死整個艦隊。「聖安東尼奧號」的船長阿爾瓦羅・德・梅斯基塔（Alvaro de Mesquita）是麥哲倫的表兄弟，他拒絕加入叛變行列，他們便殺死了他的副手，還給梅斯基塔戴上了鐵鍊，奪下他的船。

顯然，麥哲倫屈居下風，要以兩艘船對抗三艘。你這時也許會想應該要謹慎行事，考慮是否該選邊站。千萬不要。儘管在船隻、武器和人力上麥哲倫都處於劣勢，但他仍然具有兩大優勢：首先，他的航海技術和經驗都比這些叛變的船長高超；其次，叛變的船員幾乎是半推半就地參與，並不是心甘情願的，因為在國王眼中叛變這種罪是不容狡辯，最後恐怕難逃酷刑或死刑的懲罰。因此，這些叛變的水手都缺乏信念，但麥哲倫卻抱持著，在交出船長指揮權前赴死的決心。當叛變者提出要談判時，麥哲倫發動了攻擊。他派出兩艘小船，送「談判代表」去見門多薩，他們割斷了這位船長的喉嚨，輕易地讓那些左右搖擺的叛變船員重新效忠。

剩下的那些戰艦，也在一槍未開的情況下就投降了。麥哲倫並沒有原諒領導叛變的那些人，他展示門多薩的屍體，處決了克薩達，並以酷刑伺候疑似密謀背叛的探險隊首席領航員安德烈・聖馬丁（Andrés San Martín）。麥哲倫沒有處決政界有人脈的胡安・德・卡塔赫納（Juan de Cartagena）和他的助理牧師，只是將他們囚禁在巴塔哥尼亞海岸。但從此以後，再也沒有聽聞到這兩人的消息。而你，由於自始至終都是忠誠的麥哲倫派（毫無疑問！），應當也活得好好的。

叛亂平息後，麥哲倫在聖朱利安度過剩下的冬天，他組織了多次偵察任務，派人去尋找那個他認為應該就在附近的海峽。盡量避免參與任何一項這類探勘活動，這些全都因糧食耗盡而失敗告終，特別嚴重的一次是「聖地亞哥號」向南航行去探尋。在航行不過幾里後，大浪將船撞到岩石上，幸運的是，船員在海浪把船打碎前設法跳上岸，但五、六公里寬的聖塔克魯茲河卻將船員困在離艦隊其他人員僅十九公里處。有一個月的時間，他們只能靠生食貝類餬口度日，當中兩個最強壯的人徒步到河邊，用他們船隻的殘骸碎片打造出一片木筏，在五、六公里寬的河面上航行，然後又在幾乎沒有食物或水的情況下徒步行走了十一天，才回到麥哲倫的艦隊，他們隨即組織一支救援隊前去。在長達一個月的磨難後，這些船員竟然全都活了下來，沒有一名死亡。

最終，在一五二〇年十月十八日這天，天氣轉好，這支包含四艘船的艦隊再度啟程，向南出發。三天後，即十月二十一日，你們在海岸線上發現一個缺口。乍看之下，這可能跟以前見過、搜索過的無數海灣和河口沒什麼不同，河口只有兩、三公里寬，比之前搜索過的一些河流還要窄。但與鹹水河流不同的是，縫隙中湧出散發著水晶藍的水，而河口長灘上還散落著鯨魚的骨頭——這是一個明確的標誌，意味著你們發現了鯨魚的遷徙路線。根據皮加費塔的描述，麥哲倫對這項發現絲毫沒有懷疑。在首次計畫這場航行的七年後，他終於發現了他心目中的海峽。

在進入南美洲大陸和火地島（Tierra del Fuego）間的河口時，你會看到從巴塔哥尼亞高地一路而下的冰蓋[65]，高出水面約一百五十幾公尺。在你們的南邊，可看到遠處的火光，也許是人類點燃的，這些燃燒的頻率相當高，甚至在島嶼的地平線上投射出怪異的橙色光芒。但是，你們對這項發現的興高采烈之情和對眼前壯麗景致的敬畏讚嘆，很可能瞬間轉變為恐懼，大概就是在第一次經驗到這地方的風險時。在具有保護作用的海峽內航行，可以避免受到大海浪的影響，但這海峽內部也有其獨特的危險。那裡不時會颳起一股稱為「威力哇」（williwaws）的沿海峽灣強風，會從安第斯山脈頂部往大海而去，這道高速的風在經過狹窄海峽時，有可能將整艘船推向岩石。此外，還有足以造成船隻失事的大塊冰層經常崩落，這也相當令人不安，而六公尺的潮汐波動更是讓這裡的每個下錨點幾乎都成為可能發生船難的泊位。

然而，在所有這些挑戰中，還有一項最大的，那就是航行本身。這條海峽可不是直接通往太平洋的康莊大道，裡面淨是蜿蜒曲折的水道，要經過一路四百八十幾公里的岔路、死路、島嶼和狹窄通道才能出去。與其說是一個航道，倒不如說是個迷宮。每次面臨到轉彎時，麥哲倫都得派遣偵察船與水手到山頂尋找前進的道路。在多年後來看這段歷史時，麥哲倫艦隊成功航行過這片由岔

65 編註：ice sheet，指連續的冰川冰覆蓋了 50,000 km^2 (19,000 sq mi) 以上陸地，因此也稱作大陸冰川 (continental glacier)。

道、海灣、河口、冰河、島嶼和強風組成的蜘蛛網般的地區，也許會被視為航海時代最了不起的壯舉。但對目前在船上的人來說，這一切只令人感到沮喪、寒冷，而且非常危險。

你們繼續前進，海峽中兇猛的強風讓一些船員認為，要是不撤退他們必定會死在這個世界邊緣的迷宮中。但你的船長在面對這些抗議聲時，依舊不屈不撓，絲毫不願放棄他的探尋。在一次偵察任務中，一場暴風雨幾乎讓「聖安東尼奧號」沉沒，這艘船的駕駛員兼副艦長埃斯特萬．戈麥斯（Estêvão Gomes）終於崩潰了。之前他已懇求過麥哲倫要返回西班牙，這次他決定趁暴風雨來的時機，返回西班牙。他組織了一場針對船長梅斯基塔（Mezquita）的叛變。戈麥斯將他鎖在甲板下，繞過麥哲倫和艦隊的其他成員，然後駛回西班牙。

「聖安東尼奧號」沒能返回艦隊，麥哲倫當然心中有譜，也明白這將導致等你們返回西班牙時處境相當尷尬。為了避免返國後因叛變而遭到處決，戈麥斯和「聖安東尼奧號」的船員，勢必會痛批麥哲倫和艦隊的其他成員，以最嚴厲的措辭來詆毀他們。因此，當你回到塞維亞時，可別指望有人在碼頭高歌，舉行慶典。

麥哲倫海峽
1520 年 10 月 21 日
大西洋
維基尼角
走這條路線！
迪賽度角
火地島
太平洋
1520 年 10 月 30 日
「聖安東尼奧號」叛逃

不過，那還是幾年後的問題。目前需要先擔心這次叛變引發的一個迫切危機。「聖安東尼奧號」是無敵艦隊中最大的一艘，載有你們日益減少的糧食中的一大半，他們的叛逃讓原本就不穩定的供糧變得更加絕望。船員們請麥哲倫先回西班牙進行補給再回來，但麥哲倫決定繼續航行。

一五二〇年十一月二十八日，在這海峽航行三十七天後，你們終於到達太平洋了，艦隊的五艘船僅剩下三艘。

根據歐洲最好的地圖以及麥哲倫打從心底所抱持的信念，太平洋只是一條狹窄的海峽，他認為眼前要橫渡的這片海洋頂多只有幾百里而已。要是他那時知道實際要航行的長度，相信即使是麥哲倫也一定會選擇回頭。

麥哲倫手上的那張地圖與實際狀況相去近一萬一千多公里，艦隊就這樣抱著一夕致富的心態，以及拯救香料群島的期望，駛入了地球上最大的水域。隨著前行的日子從幾天延長到幾週，又從幾週延長到幾個月，肉腐爛了，口糧餅乾變軟，連水都變臭了。但不管怎樣，你們都還是會把它們吃下肚。

「我們吃的餅乾根本不是餅乾，而是爬滿了蟲子的餅乾粉，那些蟲子早就把好的部分吃掉了，現在這些還散發著一股強烈的臭味，聞起來像是老鼠尿。

我們喝的水都泛黃了，早已腐臭多日。」皮加費塔如此寫道。牛皮和鋸屑[66]成了主食，而老鼠肉則是美味佳餚。但即使你們的存糧幾乎完全耗盡，真正的危險並不是食物缺乏，而是少了一種食物。

在這場橫渡太平洋之旅的第二個月開始，你將會看到身旁的水手，因為一種歐洲人過去從未聽聞的疾病而生病和死亡：壞血病。症狀從牙齦開始，首先是牙床腫脹起來，牙齦萎縮，然後長出斑點、變黑和腐爛，最後失去對牙齒的抓力，造成牙齒開始脫落；腿部和手臂都出現疼痛性潰瘍，很快就變成壞疽並發黑。探險家羅伯特．史考特（Robert Scott）寫道，在經歷壞血病令人痛苦的最後階段後，「死亡是一種仁慈的解脫」，患者通常是死於腦血管或心血管破裂。

由於這個時代的疾病傳播理論認為病原主要是來自「壞空氣」或「瘴氣」，因此船醫和船長可能會告訴你，是這裡的海洋空氣中所含的某種東西導致這種可怕的病痛，也許是那陣陣吹來的潮濕微風，也許是貨艙的惡臭。

66 編註：鋸木材時落下的細末。

儘管後者錯得離譜，但這個理論似乎也有其道理，不過壞血病實際上是因為缺乏維生素C，而人體需要維生素C來合成膠原蛋白。

膠原蛋白（collagen）是身體的結合劑，會將肌肉、皮膚和組織連接在一起。這個字的英文起源於希臘文的「膠水」。少了膠原蛋白，身體就會開始崩解。

大多數的動物，包括貨艙裡的老鼠，都可以自行合成維生素C（所以若是發現你的牙齦開始萎縮，就抓些老鼠來吃吧），但是人類必須要從外界攝取，若是無法獲得維生素C，就會死亡。所幸，我們需要的量並不多，一個健康的人可以在完全沒有維生素C的情況下生存六個月，而飲食中只要有新鮮食物，就能夠提供足夠的維生素C。換言之，除非一人連續六個月以上僅食用醃製食品，不然是不會罹患壞血病的，這是一種非常不尋常的情況，除了幾次古代特別慘烈的軍事戰役外，一直到航海時代的長途航行才又出現壞血病。

第一個有紀錄的壞血病病例，是在一四九八年達伽馬遠征印度期間發生的，當時他的許多水手患病，其中有三十人死亡。奇怪的是，達伽馬的紀錄顯示，他的水手得知吃新鮮的柑橘似乎可以治這種病。回程時，發病者會要求吃橘子。就此看來，達伽馬的這趟航行似乎既代表著這種可怕疾病的開始，也標誌著它的結束。然而在接下來的四百年間，依舊有超過兩百萬水手死於壞血病，這種維生素C缺乏症造成的水手死亡人數甚至超過海難、戰爭和所有其他疾病的總數。要展開長途航行的那些船長都會做好心理準備，預估會有一半的水手死於這種病。明明已經有一種極其簡單、廉價和容易取得的治療方法，而且效果幾乎是立竿見影，又有大量關於其療效的軼事來佐證，為何還會發生這樣的慘劇呢？

這似乎是源於兩個核心問題：首先，儘管這種治療方法看起來很簡單，但背後的作用機制相當複雜，而且遠遠超過那時的認知。在航海時代，營養科學仍然是個黑盒子，要是不認識維生素，就很難正確解釋這種治療壞血病的方式。儘管維生素C含量豐富，但許多保存方法都會破壞維生素C，包括加熱。當時的醫師觀察到，患有壞血病的水手在喝了巴氏殺菌的柑橘汁後會死亡，因此很合理地認為，這種療法只是海上謠傳的另一種迷信。

其次是醫師在不了解背後作用的過程時，很難推薦醫療方法。即使是那個時代最傑出的醫師觀察到治癒的明確證據，卻無法開出處方，因為這樣一來等於是承認他們對這疾病的病因一無所知。最著名的例子發生在一七四七年，當時英國海軍外科醫師約翰．林德（John Lind）進行了堪稱是醫學史上首次的對照藥物試驗。在壞血病橫行的英國皇家海軍「索爾茲伯里號」（HMS Salisbury）上，林德找出十二名患病的水手，「他們是我盡可能挑出各方面條件彼此相似的」，他後來寫道，並將他們配對分組，以傳聞中的不同療法來處理。在一組中，他給其中一位開立的是醋，另一位則給了一公升海水，第三位則是每天給一顆橙子和酸橙。

結果奇蹟般地證明出具有決定性意義的療效。在第六天時，兩名吃柑橘的水手已經康復，還能夠幫助病情最嚴重的人——看來應該是那些被迫喝下海水的幾位。

然而，林德還是落入了與他之前的醫師相同的陷阱，他將自己的研究寫成了一篇長達四百五十頁的論文，其中大部分內容是在對壞血病的病因提出種種荒謬的假設，最後提出的是一套與海上潮濕引起的排汗阻塞有關的理論。林德精心設計的研究原本應該可以拯救數百萬人的生命，他卻把這結果埋在四百五十頁的荒謬理論中，而且還雪上加霜地提出錯誤的建議，他在沒有親自測試前，就建議水手應將果汁煮沸，以便保存。可想而知，儘管他的研究設計非常出色，卻沒有帶來任何益處。

於是又再等了四十年的時間，最後是由另一位醫師來終結這疾病帶來的可怕死亡率，他具有敏銳的觀察力、嚴謹挑剔的官僚態度，但也願意謙虛地承認自己還有許多無知的部分。

吉爾伯特・布蘭（Gilbert Blane）是一位富商的第四個兒子。他在蘇格蘭接受醫學教育，年輕時便移居到倫敦，在那裡成為一位傑出的醫師，不過他的舉止冷酷，又因為他總是皺著眉頭，還有報紙形容他帶有一種「死亡般的表情」，因此被他醫學院學生暱稱為「凍瘡」[67]。然而，一七八一年，海軍上將喬治・羅德尼（George Rodney）任命他擔任前往西印度群島二十艘船的艦隊醫師。

身為首席醫師，他將自己鉅細靡遺到吹毛求疵的偏執狂發揮得淋漓盡致，要求二十艘船上所有的外科醫師每天向他匯報經手處理的每位生病的水手。這些報告揭露出皇家海軍內的一個驚人事實：他們確實在公海上遇到殘酷的敵人，但不是西班牙的無敵艦隊。經過兩年的海上航行以及一場「月光之戰」，羅德尼的艦隊中有七百一十五名水手陣亡，但其中只有不到一成的人是因為作

67 原註：「凍瘡」（chillblaine）是醫學術語，指的是寒冷皮膚上出現的發癢的小紅色斑塊。

戰而死，其餘都死於疾病。在航程接近尾聲時，艦隊每個月光是因壞血病就折損二十名水手。然而在布蘭詳細的報告中，他看到艦隊中的每艘船都有人病故，除了那艘在航行途中碰巧獲得橘子補給的船。

布蘭早已聽聞過林德的實驗，他在《海員疾病觀察》（*Observations on the Diseases of Seamen*）一書中寫道，根據那項實驗再加上他自己的觀察，他開始用柑橘類的水果來治療他的水手。他下令用酒精來當作處理柑橘的防腐劑，而不是加熱，因為他注意到加熱似乎會破壞療效，最後，壞血病死亡人數降至零。儘管皇家海軍最初忽視布蘭呼籲要向全體海軍發放酸橙，但在一七九五年，他被任命為整個皇家海軍的傷病指揮官，並對所有船隻實行柑橘配給。到一八二五年時，他的這套柑橘酒精療法已經有效根除了這種疾病。[68]

值得注意的是，布蘭並沒有提出關於他的治療之所以有效的理論，逃過讓自己出醜的尷尬境地，他只是寫道：「至於它們（新鮮食物）為何會產生療效，我是無法確定的，我一直想不出任何理論來解釋這種病以及其治癒方式，或是任何其他。」然而，他確實允許自己去推測壞血病是源於他所謂的「有益健康要素的缺乏」——這可能是文字紀錄中關於「維生素」存在的最早假設，而確切物質還要等上一個世紀才能確定出來。

在你離開海峽進入太平洋後，特別需要一種維生素。在巴塔哥尼亞動物漫長的冬眠期，會有新鮮的海豹肉提供足夠的維生素C來維持生命，但在太平洋上，航程從幾週延長到幾個月時，你的牙齦開始萎縮，這時你得翻箱倒櫃，找出之前在塞維亞買的那種像梨子的榲桲果醬，然後大量地塗在你的硬餅乾上，當中所含的維生素C足以挽救你的生命。

在麥哲倫的艦隊中，船上的高級船員碰巧都有配給到這種果醬，而普通的海員則沒有。這當然不是發給他們預防壞血病用的，甜食是軍官的福利，而不是要給他們補充那些尚不為人知的維生素C，但在九十八天的橫渡太平洋的過程中，每天都有水手死亡，而這些小塊的果醬卻拯救了軍官們的生命。

68 原註：然而，在發現維生素之前，壞血病的治療還是困難重重，一個世紀後，當醫師再次懷疑柑橘對此的功效時，壞血病又捲土重來——儘管並非沒有理由。到了十九世紀，世界海軍只能分配到保存不良的柑橘類水果，這種水果的維生素C早已流失，但蒸汽船和更快的運輸時間暫緩了這種危險的發展。當像羅伯特．史考特這類早期北極探險家開始再次依靠醃製食物生活數月，儘管有配給柑橘，但他們仍罹患壞血病，他們拋棄了舊理論，轉而支持新理論。由於當時還以醃製的嬰兒食品取代母乳，嬰兒也開始生病和死亡。這種疾病直到阿爾伯特．森特．吉爾吉（Albert Szent-Györgyi）確定出維生素C及其在體內的作用才真正地消除。

一五二一年三月六日清晨，在航行了一萬一千多公里，完成當時創紀錄的不間斷長程海上航行後，你會聽到船上瞭望台傳來「Tierra!」（西班牙文的「陸地」之意）的喊聲，很快你就會看到羅塔群島（Rota），接著關島從地平線下方升起。當你駛入關島灣時，數百名查莫羅人（Chamorro）開著裝滿救生的水果和魚的小船來迎接你們。

起初，艦隊與南太平洋當地人民的關係發展得很融洽，你們很樂意用你們急需的食物來換取歐洲製造的商品。但接下來由於誤解和日益展現出帝國主義姿態的麥哲倫，這種友好關係很快就破裂了——這種關係惡化的模式在幾個月後又會重演，麥哲倫非常熱衷地向你們遇到的當地部落傳教，希望他們改信基督教，接受西班牙的統治。

大多數你們遇到的人都會「皈依」並宣誓效忠西班牙國王卡洛斯一世（Carlos I），這大概是因為，這兩件事並不會對他們的生活產生任何實質影響，而且可以安撫麥哲倫。不過，還是有些人拒絕。對於這些人，麥哲倫則以暴力相待，他燒毀房屋，並加以殺害。最初，他基本上沒有遭到什麼反抗，但這反而加深了他對軍事霸權的錯誤認識。

三月二十八日，你們抵達菲律賓的馬祖阿島（Mazau），當地人也歡迎你們的船，而且就跟關島人一樣，也向船員大聲問候。與關島的情況不同的是，這次船上竟然有人聽得懂他們的話，這讓船上所有人感到震驚不已，八年前麥哲倫在麻六甲買的奴隸恩里克竟然能夠回應當地人，這代表的意義十分深遠。自奴隸販子將恩里克從他家中搶走，並在麻六甲把他賣給麥哲倫以來，已經過了很多年。在這段期間，他從馬來西亞到印度、非洲、葡萄牙、巴西、巴塔哥尼亞，跨越太平洋，現在又回到了家鄉。一五二一年三月二十八日，這位人稱「恩里克」的奴隸成為史上第一個環繞世界的人類。

四月七日，你們抵達了菲律賓的宿霧島（Cebu），麥哲倫在那裡與當地酋長胡馬邦（Humabon）結成緊密盟友。胡馬邦興高采烈地改信基督教，並發誓效忠卡洛斯國王，但當他要求鄰近島嶼的酋長們一起跟進時，卻遭到他的對手麥克坦島酋長拉普拉普（Lapu Lapu）的拒絕。麥哲倫將這次的拒絕視為另一個讓他立下戰功的機會。一五二一年四月二十七日早上，麥哲倫不顧其他軍官的反對，和六十名水手搭乘小船出發，前去攻擊麥克坦。

不要加入他們。

當麥哲倫和他的士兵在淺水區走下他們的長艇，涉水而過，往島嶼前進時，在海灘上迎接他們的是一千五百名的麥克坦戰士。這群戰士揮舞著坎皮利安（kampilians）的雙手砍刀，發射竹矛與毒箭。西班牙盔甲保護了他們的頭部和軀幹，但他們的腿還是暴露在外。當他們慢慢走向海灘時，毒藥開始發揮作用。水手一個接一個倒下，包括麥哲倫的繼子。到達海灘後不久，麥哲倫就下令撤退，回到船上。但為時已晚。麥哲倫的大腿中了一支毒箭，肩膀也被射中一根竹矛，他已經步履蹣跚。麥克坦的戰士在看清敵人的身影後，集中攻擊。

在距離他們很遠的「特立尼達號」甲板上，你會目睹這位葡萄牙航海家，在那座菲律賓島嶼的淺水區走到他的世界盡頭。當時也參與這場襲擊的皮加費塔，最終與其他幾個人一起逃脫，他描述了麥哲倫的最後時刻：「然後，那批印第安人拿著長矛、彎刀和他們所有的武器撲向他，把他刺穿，至死方休。我們的明鏡、我們的光、我們的撫慰與我們真正的嚮導就這樣死去。」

艦隊選出西班牙人胡安．塞拉諾擔任新船長。他的第一個決定就是不顧麥哲倫釋放恩里克的遺願，麥哲倫死前有交代過，還表示要支付他報酬。這是一個嚴重的錯誤——而且不僅僅是出於道德原因。

說得委婉一點，恩里克對此感到不滿。根據皮加費塔的說法，他與胡馬邦談話後，通知包括你在內的所有水手、船員和船長，說胡馬邦誠摯地邀請大家在啟航前參加一場豐盛的晚宴。

千萬別去。隨便找個理由搪塞過去，說你肚子痛，或是你已經吃過飯，再不然就是大方地讓座給別人，或直接躲起來，因為恩里克即將展開復仇。

有三十人接受了邀請，其中包括剩餘的四分之一船員、新船長塞拉諾和大多數的高級軍官。用餐到一半時，你會在船上看到胡馬邦的士兵屠殺了所有賓客，只留下一個活口，也許就是我們這位史上第一位環球航行者。之後，就再也沒有他的音訊了。

那天晚上，你終於得以擺脫在菲律賓群島遇上的這些災難，在最初抵達時你們有兩百六十位水手，但現在只剩下一百一十五位[69]。剩下的水手太少，你們因為缺少船員，只好燒毀「康塞普西翁號」，接收那裡的船員。在麥哲倫去世後，你們放棄了吸收教友一事，重新聚焦在尋找摩鹿加群島（Moluccas）。但由於

69 原註：五月五日，「聖安東尼奧號」回到塞維亞，為了擺脫叛變的罪名，船員會指稱你和麥哲倫以及艦隊的其他成員叛變，這在你們回到西班牙時會迎來有點尷尬的場面。

缺乏麥哲倫和大多數高級軍官的航海天分，你們有幾個月的時間只是在南太平洋的島嶼間擺盪。這是一段漫長而乏善可陳的時期，你們不是綁架當地人來當嚮導，就是擱淺在珊瑚礁上，然後花更多的時間來修復這些損壞。

最終，在一五二一年十一月八日這天，距離你們從塞維亞啟程後已經過二十七個多月的航行，你們進入了香料群島蒂多雷（Tidore）的海灣。

眼前的財富，讓這段旅程中遭遇到的所有危險劫難都變得值得。在歐洲，丁香這種香料比等重的黃金還要珍貴。不過在這座島上，這些香料幾乎不值錢，當地人很樂意用它們來跟交換，你們從塞維亞帶來的刀具和鏡子，只要換幾袋滿滿的香料，你就可以富裕地退休了。在接下來的六週內，你得將約三千磅的丁香（以今天的貨幣計算，價值超過六百萬美元）裝載到你們剩下的兩艘船上。

但在出發之前，你們需要換船。就在艦隊準備出發時，你們發現「特立尼達號」出現嚴重的漏水，這需要數個月的時間才能修復。要是延後啟航，你們就無法順著信風向西航行，所以你們決定分頭行動。「維多利亞號」立即向西啟程，回到西班牙，而「特立尼達號」則在完成修理工程後，乘著信風向東，穿過太平洋，在巴拿馬靠岸，在那裡讓騾子馱著香料穿過地峽，運到船上，然後再運送回家鄉。

大多數船員比較喜歡待在「特立尼達號」上，他們認為那些試圖越過印度洋的人恐怕會餓死，再不然就是在好望角遭遇船難，沉到下方危險的水域中。他們錯了。「維多利亞號」之後的旅程確實宛如地獄，但你得加入他們，因為「特立尼達號」的結局是一場災難。他們在太平洋上迷失了方向，在絕望中又爆發了可怕的壞血病，返回菲律賓後，又被葡萄牙人抓住，葡萄牙人以在「葡萄牙水域內」航行處決了船長，並判處其他船員苦役。

對搬到新家「維多利亞號」的你來說，整個生活條件也僅是比遭到斬首要好一點，真的只有一點。在辛苦向西穿過廣闊的印度洋後，你們又陷入難以穿越的好望角海域。在非洲大陸下方肆虐的洋流、海浪和強風，將這艘船困在地球上最致命的海域中，任憑無止盡的暴風雨踐踏。你們一次又一次地試圖繞過海角，卻不斷被擊退。船的漏水情況越來越嚴重，糧食補給也越來越少，因此開始有人想要放棄，提議改去葡萄牙控制的馬達加斯加島自首，但去到那裡你們不是被監禁，就是被處決。因此這項提議遭到否決，而在連續九週的失敗嘗試後，風力出現暫時性地減弱，波浪和洋流也是，在一五二二年五月二十二日，你們終於繞過非洲大陸的最南端。

這時趕緊吃一些榅桲來慶祝吧！因為你已經好幾個月沒吃到新鮮食物了，壞血病又來襲了。在接下來的六週內，剩餘的五十八名水手中又有二十一人，因缺乏維生素C而死亡。

七月九日，你們抵達了距離葡萄牙海岸約一千公里的葡萄牙大里貝拉群島（Ribera Grande）。深感絕望的你們，知道要是無法獲得新鮮糧食的補給就無法再繼續航行，於是你們索性冒險入港，謊報身分以獲取食物。這一招成功了，至少在一開始是這樣。

但在港口時，發生了一件令人匪夷所思的事。你們從港口的葡萄牙人那裡得知今天是星期四。這令人費解。皮加費塔和船上的其他日誌作者，都非常肯定今天是星期三。正如皮加費塔所寫，「這讓我們產生一個很大的疑問，因為對我們來說，這一天明明就是星期三。我們無法說服自己相信自己錯了；我比其他人都來得驚訝，因為我在整個航程中身體一直很好，每天都不間斷地寫下當天的情況。」

令人驚訝的是，沒有人弄錯。從你們的角度來看，那天就是星期三。而站在歐洲人的角度來看，那天是星期四。作為世界上第一批環球航行者，你們得到了環繞地球的一份特殊獎賞。當你每天向西追趕太陽時，每天都在陽光下多待幾分鐘，繞行一周後，你就多出了一天。這種日期混淆一直要等到兩個世紀後，在太平洋上訂出國際換日線後才結束。對目前的你們來說，只知道在海上航行了一千零八十四天後，有一天就這樣不見了。皮加費塔的發現後來震驚了歐洲，因為當時沒有一位歐洲學者預測到，環球航行會出現這樣不可思議的後果。

不幸的是，即使離家園這麼近，你們的苦難也還沒結束。當你們準備要離開大里貝拉群島時，派出了最後一艘載有十三名水手的船去收集補給品。想辦法遠離這船，不要去。

葡萄牙人已經發現這是一場騙局，並在岸上逮捕了這些人，剩下的你們駕著「維多利亞號」逃脫，開始朝著西班牙進行最後衝刺。大約兩個月後，你和艦隊最後剩下的十八人（出發時有兩百六十人）將已經殘破不堪的船轉進瓜達爾基維爾河，在塞維亞碼頭停了下來，就在一五一四年九月十日星期六這天……或是星期日？

如何在海盜船上與黑鬍子一起航行？

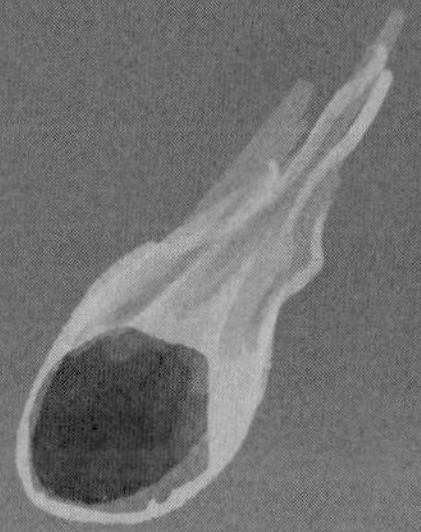

假設你這次想要加入一群膽大包天的企業家，與他們一起行動，在國際貿易中尋求利潤豐厚的機會。這次你想要的是平起平坐的夥伴關係，希望能與一支專注和專業的創始人團隊合作，追尋足以改變人生的財富，而且你不介意冒一點險，或者說承擔一點風險。所以，你將這趟時空之旅的目的地設定在一七一七年的巴哈馬的新普羅維登斯島上的拿騷市（Nassau），這是海盜的黃金時代，他們的活動在這時達到鼎盛，海盜集團會在自己的首都運作，偷走最值錢的寶藏。這些海盜集團的火力足以與歐洲海軍相媲美，他們的勢力非常強大，甚至讓大西洋的海上貿易幾乎陷入停滯。

但你不想要隨便就上一艘海盜船，在不知名的船長手下工作，你想要跟最棒的人馬一起航行。換言之，你想與史上最有名，名聲讓人聞風喪膽的海盜一起航行。因此，你於一七一七年九月二十九日抵達拿騷，與出生於英國布里斯托的黑鬍子海盜愛德華．薩奇（Edward Thatch）會合，當時他剛擔任「復仇號」（Revenge）的指揮官，正駛離拿騷港。

在接下來的一個月裡，薩奇發動了堪稱是英國殖民史上最兇猛的海盜襲擊。在短短兩週內，他先後在德拉瓦、費城、紐約和切薩皮克等港口搶劫了十五艘商船。他不僅掠奪船上的貨物，還會順便招募新血，在搶劫時有許多船員加入他的海盜集團，因此在你現在所參與的海盜艦隊又增加了一艘船。至於那些不願投靠他旗下的人，他會讓他們毫髮無傷地離開，儘管薩奇在外流傳的名聲很可怕，但他有一個秘密：他對被他搶劫的人特別友善。[70]

一七一七年秋天，過去這些曾遭到劫持的海員，湧入歐洲和美洲的漁港城鎮，跟大家講述他們遭遇海盜的故事，說海盜船長身材高大、強壯結實，留著一臉長長的黑鬍子，身上披著手槍彈帶，一張臉被火燒得面目全非（他曾經點燃塞在帽子下的導火線，因此被燒傷）。其中一個版本說，大家「根本無法想像這個來自地獄、滿腔怒火的人看起來有多可怕」。估計在擔任總指揮官短短一個月內，海盜船長愛德華・薩奇就成為了傳奇海盜「黑鬍子」（Blackbeard）。

在接下來的十五個月內，黑鬍子在大西洋、灣區和加勒比海的航道肆虐，搶劫了一百多艘船，還圍攻過查爾斯頓市[71]，在他的海盜艦隊實力達到頂峰時，

70 原註：在薩奇的海盜生涯中，直到他的最後一場戰鬥前，沒有紀錄顯示他曾經殺過任何人。

71 編註：Charleston，美國南卡羅萊納州柏克萊郡和查爾斯頓郡的一座城市，也是查爾斯頓郡的郡治所在。查爾斯頓始建於一六七〇年，到一八〇〇年，它成為當時僅次於費城、紐約、波士頓、魁北克的北美第五大城市。

真的是名聲遠播，讓人聞風喪膽，甚至有英國皇家海軍的船隻光是聽到他會出現的傳言就逃之夭夭。最後，就在他擔任海盜總指揮官的一年後，他在一場血腥的海戰中陣亡。

不過，你可以活下來。你可以犯下犯罪史上最大手筆的搶劫案，並活著花掉這些財富。但前提是在你平安度過血腥海戰前，需要先學會如何處理妨礙你生存最大的威脅：你的海盜同伴。你必須要學習海盜間的行事規則，畢竟你加入的可是犯罪集團，而不是一群虛無主義者組成的無政府組織。在外人看來，這種複雜的犯罪活動似乎散漫浮動，毫無組織架構，但正因為這些無法無天的叛亂分子，不能靠執法當局來公正裁決違規情事，他們必須依賴一套自己的準則和懲罰標準，以此來阻止歧見和違反規則的人。最後，就跟大多數的犯罪集團一樣，這些叛亂分子的組織運作規範其實比外界還嚴格。

可惜從未發現黑鬍子船長所訂下的具體規則，不過你還是可以從目前已知的來推敲一下部分內容，因為當代海盜船長巴塞洛繆・「黑巴特」・羅伯茨（Bartholomew "Black Bart" Roberts）[72]的海盜船規矩流傳至今。這些規則如下：

甲板下的就寢時間為晚上八點整。在這個時間之後，甲板下不得發出任何聲音。不得在船上打架滋事。任何紛爭都要到海灘上以手槍和劍解決。不得賭博。不得叛逃，當然也不行在船上偷竊。禁止女性上船，而且還有一條奇怪的規則，禁止偽裝成男性的女性上船，違者處死，儘管執行死刑的方式各不相同。走木板其實是好萊塢電影業的發明，但放逐不是。如果你抱著可以胡作非為的心態加入黑鬍子的艦隊，想著「你的海盜生活」就是為所欲為，那麼你應該會被放逐到某座荒島上，任你自生自滅，此時如果有人願意賞你一槍，那會是你唯一的救贖。

你還得學習如何像海盜一樣說話。英語是多元文化船員的通用語言，他們分別來自歐洲、非洲和加勒比海地區，但大多數出生在英國或其殖民地。令人驚訝的是，好萊塢的那套海盜用語（如「Arrrrr matey」等）其實離實際情況相去不遠，只是有點誇張而已。他們多半帶有康沃爾（Cornwall）[73]的口音，這座

72 編註：Bartholomew Roberts，一六八二～一七二二，一位著名的威爾斯海盜，因外表英俊，溫文有禮，而又被稱為「黑色准男爵」（Black Bart）。

73 編註：大不列顛島西南端的半島，英國英格蘭西南端的郡。

濱海小鎮位於英格蘭西南端，是許多海盜的出生地。所以在遇到「H」時請不要發音，然後在發「R」時要記得打舌。幸運的是，即使你的假康沃爾口音會引起一些人的注意也不是很要緊，因為海盜集團本來就是匯集各路人馬的行業，你笨拙的打舌音應該不會那麼快就洩漏你的身分，送掉小命。

遺憾的是，你在船上的對手還不止如此，更可怕的其實是病毒和細菌。在船上，不僅得與數百位不洗澡的水手共用狹小的空間，還得吃下腐爛的食物，喝著受污染的水，前往充滿外來疾病的異國他鄉——要找到一個比海盜船更不健康的環境還真不容易。在這裡，疾病會像砲彈一樣迅速殺死你。海盜船上通常也有船醫，如果你生病了，千萬不要去找這些醫師，他們的醫療照護在最好的狀況下只是無效醫療；而最壞的情況可能是直接從你的尿道注入水銀，這種治療方式是潛水員在黑鬍子的沉船「安妮女王復仇號」（Queen Anne's Revenge）上發現的，海盜以此來治療梅毒。一定要拒絕這種治療。有機會就吃新鮮食物，尤其是肉類，完全避免喝水，改喝烈酒，這是混合有各種稀釋程度的蘭姆酒調配而成的，在十八世紀的船上，這就跟風帆一樣重要。若是你能遵守這些規則，避免痢疾和疾病，那你至少應該能撐過最初的幾個月，因為黑鬍子攻擊的第一批商船根本不是他艦隊的對手。

在北美海岸行搶一個月後，黑鬍子離開了北大西洋波濤洶湧的冬季海域，前往平靜的加勒比海。他在中間航道（Middle Passage）[74]的狹窄海域上來回巡邏，尋找那些載著非洲奴隸前往美洲的船隻。海盜之所以盯上這些惡名昭彰的「奴隸主」，不是覬覦他們的貨物，而是想要那些船。這些奴隸船與商船的開放貨艙不同，具有多層結構，可以容納大量海盜和大砲，足以與英國皇家海軍的船隻相抗衡。一七一七年十一月十七日，在埋伏僅僅兩天的時間後，黑鬍子就鎖定了裝有巨大風帆的法國奴隸船「協和號」（La Concorde），指揮他的艦隊逆風而行，準備下手。

在十八世紀的海戰中，占據對手船隻逆風位置時，就是搶得「上風」（weather gauge）[75]，因為這會帶來幾項決定性的優勢。

首先，逆風航行的船會受到側向風的壓力，而順風航行的船則會保持水平。這種差異在以大砲交火時很重要，因為兩噸重的火砲是無法快速或輕易調整目

74 編註：十六～十九世紀中期年間，大西洋上的一條奴隸貿易航線。
75 編註：航海用語，表示某一艘船在另一艘船的上風處，由此引申表示「居於有利位置」。

標的。在交火時，在上風處的船能直接向對方開火，而敵人的砲彈只會從頭頂掠過。

其次，即使是現代帆船也無法直接迎風航行，而在海盜的黃金時代，逆風處天際有整整三分之一的區域是軍艦根本進不去的。換言之，在對手上風處的船幾乎擁有完全的行動自由，而對手的船將會受到壓制，還能預測其動向。這種自由讓位於上風處的艦艇能夠執行一種破壞力特別強的機動策略，海軍戰略家稱此為「T型戰術」（crossing the T），攻擊方的船會橫向穿越迎面而來的敵方船隻的路徑。由於十七世紀戰艦的前後都沒有裝置大砲，因此橫向穿越的船隻可以發動側舷所有的排砲，又不用面對遭受還擊的風險。像黑鬍子這樣航海技術高超的船長，會在近距離的範圍內轉向，朝下風處的對手發射砲彈，讓敵人的整個船體傾斜。

然而對於像黑鬍子這類海盜來說，齊發砲彈是最後才會祭出的手段，因為舷側攻擊有可能會擊沉或損壞對方船隻，這無異是破壞了寶物。因此，海盜更喜歡與敵人進行肉搏戰，他們龐大的人數帶來壓倒性的優勢。黑鬍子的船上有多達三百名水手，而商船船員很少超過幾十人。海盜會使用鉤子、繩索和梯子將兩艘船綁在一起，以壓倒性的人海戰術包圍他們。

當然，如果說優秀的海盜會打贏海戰，那麼偉大的海盜則是不費一兵一卒完全避免海戰。戰鬥會造成傷亡，也可能損壞船隻，最糟糕的是可能會損及寶物。因此，精明的海盜會為自己營造出嗜血的瘋狂形象，但同時又結合了仁慈對待投降者的名聲。為了誘降，海盜旗上會飾以血、頭骨和骨頭等駭人圖像來突顯他們嗜血的意圖。他們會聚集在甲板上，揮舞著劍槍，大聲吆喝叫喊，以此威震恫嚇攻擊目標，甚至還會故弄玄虛在臉上飄出煙霧。他們想盡辦法展現出認真一戰的決心，以此來避戰，通常這一招非常管用。多數商船在面對大批海盜時，不會想要捨命保護不屬於自己的貨物，而是試圖逃跑，但是當被逼到絕境時，還是有少數人會起身反抗。

十一月十七日，「協和號」的船長試圖要逃跑，當他就要被追上時，他將船轉向逆風，升起了白旗。正如傳說中的一樣，黑鬍子只搶走了這艘船，但給了協和號的船員一艘較小的單桅帆船——他們重新命名為「遇難號」（Bad Encounter），然後送走他們。

黑鬍子用四十門大砲改裝了「協和號」，部署了三百名海盜，並重新命名

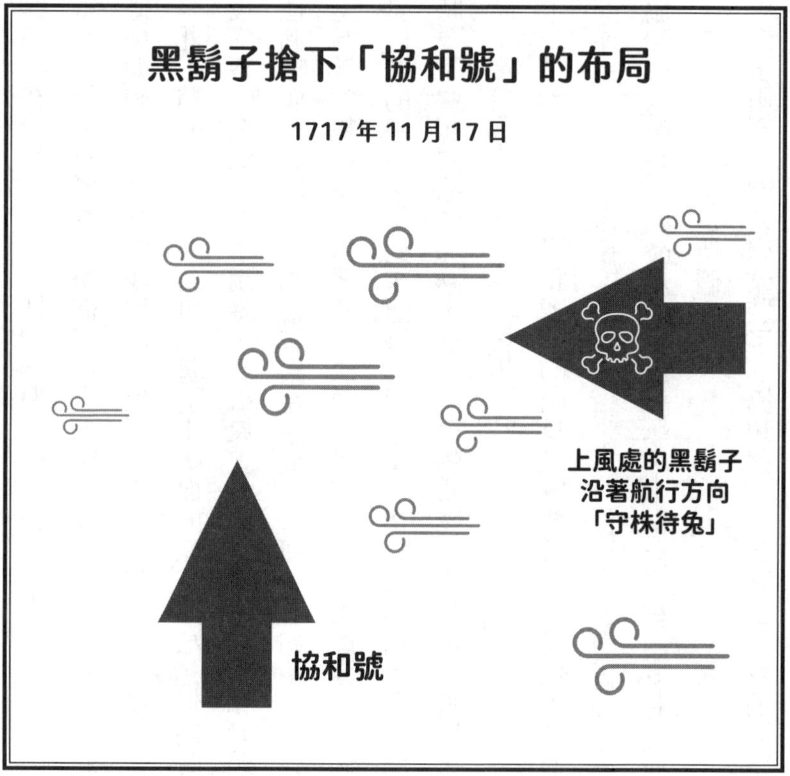
黑鬍子搶下「協和號」的布局
1717 年 11 月 17 日
上風處的黑鬍子
沿著航行方向
「守株待兔」
協和號

為「安妮女王復仇號」（Queen Anne's Revenge）[76]。有了這艘船當海盜艦隊的旗艦，黑鬍子現在不僅指揮著全美洲最駭人聽聞的一支艦隊，也建立起世界史上實力數一數二的犯罪集團。

自從船隻駛入公海以來，就開始有海盜活動，但海盜之所以興起，還能發展出自身的黃金時代，始作俑者是一項英國海軍政策，這造成海軍嚴重依賴軍事承包商，產生了適得其反的效果。一六五四年英國對西班牙的戰爭爆發，這時英軍將軍事工作外包，鼓勵民眾打劫西班牙商船，將海盜行為合法化。只要有私掠許可證（letter of marque），這些合法的海盜（稱為私掠船〔Privateers〕）就可以合法保留他們搶來的財物。

這是門很好的買賣。

在一六七一年，一艘私掠船的船長亨利．摩根（Henry Morgan）和他旗下的三十七艘船和兩千名私掠船員組成的艦隊，前去洗劫西班牙的城市巴拿馬，

76 原註：他們是基於政治原因而選擇這個名字。大多數海盜都是所謂的雅各派（Jacobites），他們相信安妮女王死後，她所屬的斯圖亞特（Stuart）家族才是英格蘭的合法統治者，因此支持她同父異母的兄弟詹姆斯繼承王位。但由於詹姆斯是天主教徒，而天主教徒的繼承權被議會的一項法案排除在外，因此最後是由安妮的遠房表弟漢諾威家族的喬治一世代替他繼承了王位。

搶走數十萬比索，英王查理二世以牙買加總督一職來獎勵他。在一七〇一至一七一四年的西班牙王位繼承爭奪戰（Spanish War of Succession）期間，英國擴大了私掠船的許可發放，這時期至少有一千四百艘海盜船合法化，可以在全球海域攻擊西班牙船隻。

當戰爭最終結束時，英國終止了私掠船的活動，不過，此時他們得回頭去面對這項軍事外包的成本。在鼓勵成千上萬的普通公民從事海盜職業後，如今政府要求這些練就一身行搶本領的海盜重操舊業，回去繼續從事低薪的職業，這可不是每個人都願意。

私掠者的另一項就業選擇是環境刻苦、工作短暫且報酬微薄的商船水手，不僅工時長，船長還經常削減他們的口糧、苛扣工資，甚至會用名聞遐邇的九尾鞭（cat'o'nine tails）[77]抽打他們，偶爾失手殺死他們也不用承擔任何後果。再加上海上生活固有的疾病風險，商船水手往往很短命，連花完他們區區二十五英鎊（相當於今日的四千美元）的微薄年薪的時間都沒有。

相較之下，當個海盜卻可以累積非凡的財富。

一六九五年的九月七日，海盜亨利．艾佛瑞（Henry Every）在印度洋從一支船隊那裡搶了價值超過六十萬英鎊（相當於今日一億美元）的黃金和珠寶。一夕之間，他的每位船員所分配到的獎賞都超過商船水手一輩子能賺的。一七二一年四月，海盜約翰·泰勒（John Taylor）在留尼旺島（Reunion Island）海岸附近搶劫了葡萄牙的寶藏船「諾薩號」（Senhora do Cabo），他的船員搶了超過一百萬英鎊——相當於今天的一點六億美元。在泰勒船上的每個海盜都可分得大約四千英鎊，相當於今天的五十萬美元以上。以山姆·貝拉米（Sam Bellamy）為首的海盜船「維達號」（Whydah）在科德角（Cape Cod）遭遇一場暴風雨而沉沒，隨著船沉到海底的還有超過四噸的黃金和白銀。

不過黃金並不是水手選擇當海盜的唯一原因，生活在海盜船上，幾乎各方面都比在商船上來得舒適和公平。商船海員經常遭受殘暴船長的荼毒，但海盜船的運作卻出乎意外地民主，甚至具有相當進步的組織制度。

在法國人襲擊巴士底監獄，發動大革命前將近一個世紀，海盜船的船長就已經是採投票制來選出，而且還有一系列制衡他們權力的措施。海盜會選出一

77 編註：一種多股的軟鞭，名稱的來源可能是它導致的平行的傷痕像貓爪導致的傷痕一樣，它的設計可能比其名稱更早。

名艦隊軍需官（quartermaster），由他負責決定口糧配給和懲罰，也會投票決定航行地點和攻擊目標。只有在需要迅速做決定的戰鬥期間中，才是由船長一人獨斷。海盜船長的睡眠環境與船員相同，只是在分戰利品時會多一倍。

匹茲堡大學大西洋史學教授馬克斯・雷迪克（Marcus Rediker）著有《萬國惡棍》（*Villains of all Nations*）一書，專門討論海盜的黃金年代。我向他請教為什麼這些殘殺他人的群體竟會建立起這樣一套初始的民主制度，他告訴我，這在某種程度上反映出他們之前遭受過的可怕虐待。「海盜生活的民主特性是對海軍和商船統治的一種反應，這兩者皆具有自上而下的暴力獨裁治理特性。」他說。許多海盜以前都是商船水手，在他們背叛了大權在握、暴力相向的船長後，當然不會想要用一個暴君取代另一個暴君。他們之所以變成海盜，在很大程度上是因為，他們相信雷迪克所謂的「水手對等文化：平等、團結和反獨裁」。雷迪克認為就是基於這些價值觀，激起了他們叛變的決心，也指引他們這樣的漂流社會蓬勃發展起來。

不過，根據行為經濟學家彼德・利森（Peter Leeson）的看法，海盜之所以形成這套看似匪夷所思的民主治理結構，可能還有另一項因素：貪婪。利森認為，商船的治理特別殘暴，那是因為他們處於「代理問題」（principle-agent problem）[78]這種常見的商業難題中，也就是真正做事的人沒有獲得多少利潤，而那些獲利的人只是坐享其成。航運商人僱用殘暴的船長來解決分享利潤的問題，把他們納入分潤的一部分，如此一來這些船長就有降低成本的動力，並敦促這些缺乏動力的水手繼續工作，而這主要是透過大量使用體罰來達成。

但海盜船的運作模式不是如此，這是由船員自有經營的，他們沒有代理問題的困擾。他們工作、分享利潤，因此他們本身就充滿動機，不需要一個暴虐的船長來催促。就像律師事務所的合夥人一樣能夠平等分潤，海盜船是大家的合資協議，每個人都分享收益，並且在運作的方向上擁有平等的發言權——這有點像是，將販毒集團和高盛（Goldman Sachs）這種跨國投資的金融集團結合起來。

不過還有一點讓人很納悶，海盜不會像販毒集團那樣演變出一暴力的、高度階級化的結構。當我問利森箇中原因時，他表示這是因為每種犯罪行業的啟動成本不同（start-up costs）。一個廉價且容易開創的犯罪企業（例如毒品交易

78 編註：指當一個人或實體代表另一個人或實體採取行動時出現的利益和事項優先排序衝突。

或收保護費），在自由市場上會面臨到極為激烈的競爭，當任何持槍的混混都是潛在的競爭對手時，那麼新來的暴徒就可能會瓜分市場，直到沒有利潤為止。這些犯罪集團得以繼續經營的唯一方法是透過暴力執行一共謀協議，創造出非法壟斷。

然而，海盜需要龐大的啟動成本。一個成功的海盜需要一艘大船、數百名海盜、槍支和船員的食物。這些成本和招募人力的難度相對降低了同業的競爭力，從而降低需要透過暴力方式消除競爭對手的必要性。在這種情況下，是由市場力量，而不是道義，來做出選擇。與同時代的許多其他企業相比，他們在人才組成的種族多元性上似乎也更勝一籌。

黑人約占所有海盜的三分之一，而且大多數黑人能夠拿到與白人海盜相同的報酬和投票權。和黑鬍子交情最好的一位副官名叫凱撒，身材魁梧的他據說過去是非洲酋長。這並不是說海盜主張廢奴——事實上，他們絕對沒有這樣的想法。許多海盜以前都曾蓄養過奴隸，也在奴隸船上工作過，並允許他們劫持的奴隸船的船長，繼續載著奴隸前往他們預定的港口。然而，根據那些曾被囚禁在海盜船上的人的說法，至少有部分，甚或是大多數黑人海盜，在海盜船上是以自由人的身分生活，並享有一樣的投票權。

這看似種族平等的關係背後可能也有經濟誘因，而不見得是出於海盜的道德動機。一艘僅需十幾個人駕駛的船上載有三百人，不需要有太多的體力活，因此也沒有奴役的動機。最重要的是，任何不是出於自己意願從事這份工作的人都有逃跑的風險，他們可能會在法庭上作證，反過來指控海盜，這對艦隊並不是一項好事。因此，儘管我們假設海盜的意圖邪惡，但奴役和強拉苦力對他們來說都是不必要的。這點與皇家海軍很不同，皇家海軍會僱用「強盜團夥」帶著棍棒和手銬在倫敦街頭巡視，毆打、銬住，並「壓迫」那些任何看起來像水手的可憐蟲，逼他們加入海軍服役——海盜很少是被強拉加入的，除非是此人擁有罕見且關鍵的技能，比方說醫師或槍匠。

要切記一點，你並不是和一批道德高尚的人為伍——偶爾出現的酷刑應該就會打消你的這種想法。但你所加入的這個團隊的過往經歷、貪婪之心，以及盡量避險的行事風格，卻產生了一種看似驚人的進步道德感——儘管用他們最好的意圖來看，都跟道德沾不上邊。

一七一八年六月十日，黑鬍子海盜團的勢力接近顛峰，就在你們圍攻南卡羅萊納州查爾斯頓這整座城市後，「安妮女王復仇號」在北卡羅萊納州的海岸擱淺了，船員四散。黑鬍子帶著一小群對他十分忠心的人去見北卡羅萊納州的州長，在那裡他滿心歡喜地接受了國王的赦免，然後就肆無忌憚地繼續海盜活動，並用搶來的戰利品買通州長。他在北卡羅萊納州海岸附近的奧克拉科島（Ocracoke Island）建立了基地——他相信當地州長會提供保護，並在百慕達以西的航道上出沒。

這時你需要趁機和你的夥伴道別，因為，現在的美洲經濟已經與黑鬍子開始當海盜時不同，出現了很大的改變。這些地方不再是歐洲列強願意放手不管的經濟停滯區。在進入十八世紀後，這些過往的小型經濟體開始瘋狂累積財富和權力。雖然乍看之下這似乎讓整個海盜事業變得更加有利可圖，但地方經濟的成長卻為整個海盜事業定下走向滅亡的基調。當海盜的存在成本低於根除他們的成本時，海盜活動就會很猖獗。但是當大西洋這一側引入一種新農法來種植舊作物後，這條算式開始改變，原本可以容忍的海盜變得無法容忍。

一六二五年五月十四日，約翰・鮑威爾（John Powell）駕駛第一艘英國船隻在加勒比海的巴貝多島登陸。那時，巴貝多的原住民早已因為歐洲傳來的疾病，以及一百多年來的西班牙奴役而消失，因此當鮑威爾到達時，這座島幾乎荒無人煙。這些早期的英國移民在那裡建立了菸草農場，並找來英國的契約勞工在農場工作。但巴貝多的小農場很難與那些位於今日美國南部的大片菸草田競爭。因此那裡的農場僅能產生微薄利潤，土地也很便宜。在一六四〇年，一名農民僅需四百英鎊即可購買五百英畝的巴貝多農地。但後來蔗糖登場了。

在人類文明中，種植甘蔗至少有一萬年的歷史，但製糖的過程需要投入大量勞動力，因此直到十七世紀中葉，糖仍然是一種奢侈品。為了讓甘蔗生長，農民必須清地、挖掘和鋤地，將每根甘蔗苗放入手工挖出的深坑中，然後丟一把發臭的糞便給田地施肥。肥料會加速甘蔗的生長，卻也會促進雜草的生長，農民必須定期除草還要驅趕吃甘蔗的老鼠。

最後，當甘蔗在春天成熟時，必須將粗莖從基部切碎，並在變質腐敗前立即取汁煮沸。由於需要加熱手續，甘蔗種植園既是農場也是工廠。沒有時間將甘蔗運離現場，農作物必須快速加工，因此在長達數個月的收穫季期間，每天得二十四小時地運作。

在十七世紀，這些種植園的工人必須在地獄般的高溫下長時間輪班，對甘蔗進行切割、壓榨、煮沸、加工和乾燥，同時還要操作重型的危險設備。換句話說，製糖是一項勞動密集度高、效率低又十分危險的過程，因此生產成本昂貴，而這大幅限縮其市場，只有非常、非常、非常富裕的人才買得起。但是在勞動力價格變得非常、非常便宜時，情況就改變了。

在一六四五年，大約有一萬一千名英國白人農民，和大約六千名奴隸在經濟困難的巴貝多島上種植菸草。但到了一六四〇年代，巴西的荷蘭商人引進了甘蔗，這些由生產地的奴隸提供人力所製造的「白金」，改變了這座島嶼。農作物為地主帶來巨大的財富，到一六六〇年時，巴貝多創造的財富比英國在美洲所有其他殖民地的總和還要多。在短短十年間，巴貝多五百英畝的土地價格就從四百英鎊飆升到七千英鎊，同時也出現難以補足的缺工問題。在短短十五年內，島上人口從一萬七千人增加到五萬三千人，其中超過一半是被送來當奴役的非洲勞工。到一六六七年時，巴貝多富有的地主兼併島上土地。早期的英國契約工和流放白人囚犯的貧困後裔則紛紛逃亡（其中一些人投奔海盜，不過大多數都逃往新大陸），因此到一七七〇年，只剩七百五十名英國白人業主控制著四萬名非洲奴隸，在他們的甘蔗種植園裡勞動。糖成為橫渡大西洋最有利可圖的產品，甘蔗種植園很快就在加勒比海地區成為主流。到一七一四年，面積較大的牙買加島的蔗糖產量首度超越巴貝多島，那一年也是西班牙王位繼承爭奪戰的結束，簽訂停戰條約後，英國可以大量增加從非洲運往美洲的奴隸數量。

但海盜威脅到這個利潤豐厚的產業。

在海盜的黃金時代，他們徹底破壞了橫渡大西洋的船隻，幾乎完全切斷了糖和奴隸貿易。在一七二〇～一七二三年間，海盜活動日益猖獗，跨越大西洋的非洲奴隸數量減少了一半。一七二一年，安提瓜島總督寫信給喬治國王，表示如果不剷除海盜，「在美洲的所有英國種植園，都將在很短時間內徹底毀滅。」

英格蘭立即採取因應措施。一七一八年，國王赦免了所有金盆洗手的海盜，許多海盜（包括黑鬍子在內）都欣然接受這項赦免，卻繼續從事不法勾當。

因此，在一七二一年，英國議會決定停止這項大撒胡蘿蔔的政策，改用棍子來處理。他們通過了《反海盜法案》（*Piracy Act*），對同情海盜者或商業夥伴處以絞刑，還威脅商船水手若是拒絕保衛他們的船隻，將會被送去坐牢監禁，並宣布海軍船長不得在遇到強大的海盜艦隊時選擇逃避。

最後，在一七二二年，為了因應奴隸販子的日益施壓，英國海軍派遣戰艦到非洲西海岸，在過去三年內，「黑色准男爵」（Black Bart）[79]曾在那裡搶劫過四百多艘船隻，幾乎是他一手切斷了這條中間航道。一七二二年二月十日，當黑色准男爵的海盜船在非洲西海岸的加彭附近下錨時，遭遇無敵艦隊的偷襲，用側舷排砲轟擊了這位海盜船長，海盜的黃金時代到此算是劃上句號了。到了一七二五年，大西洋的海盜活動基本上算是消除了，每年穿越中間航道的非洲奴隸數量增加了一倍，達到四萬七千多人。

奴隸貿易日益興起，運送財富橫跨大西洋的商船也增多，但這些反而弔詭地預示著海盜黃金時代的結束，這是你離開黑鬍子海盜團的時候了。為了鞏固你日後海盜生涯的安全，你需要離開這裡。在一七一八年夏天，你搭便船前往海盜控制的馬達加斯加島，與那裡的海盜船長約翰．泰勒（John Taylor）會合。幫助他在印度洋上穿梭，尋找發財致富的機會，你們劫持了「卡布聖母號」（Nossa Senhora do Cabo），創下海盜史上戰利品價值最高的搶劫案。當時搶到的鑽石、黃金和珠寶價值一點六億美元，在分到你那一份後，先躲在馬達加斯加，或其他由西班牙控制的島嶼上避風頭。搶劫「卡布聖母號」並非沒有風險，葡萄牙人對此心懷怨恨——但是，就跟泰勒一樣，你應該也能夠從富有同情心的西班牙宮廷那裡買到赦免。而且，這絕對比跟著黑鬍子繼續在美洲海岸徘徊要來得好，那裡的商業利益迫使有關當局採取行動。

一七一八年秋天，維吉尼亞州的州長命令皇家海軍中尉羅伯特·梅納德（Robert Maynard）率領六十名士兵和兩艘單桅帆船，抓捕或狙擊在北卡羅萊納州海岸肆無忌憚搶奪商船的黑鬍子海盜。一七一八年十一月二十二日早上，梅納德和他的單桅帆船駛入奧克拉科克島（Ocracoke Island）港口，黑鬍子和他的二十名核心幹部下錨在那裡。

當船隻靠近時，黑鬍子看出這是對他們發動的襲擊，於是他命令部下開砲，並嘗試逃走。他航行到海灣口，進入公海，根據梅納德後來寫的一封信，當黑鬍子經過梅納德的船時，他「詛咒我和我的手下……說他分毫不取，但一個子也不會給我們」。

梅納德可能在人數上占優勢，但為了要穿越淺水區，他選用沒有配備大砲

79 編註：另參見註72，「黑色准男爵」（Black Bart）死於一九二二年；黑鬍子（Blackbeard）死於一七一八年。

的輕型船來出擊，這個決定差點讓他喪命。當梅納德試圖與海盜並肩航行時，黑鬍子向沒有什麼武裝的單桅帆船猛烈射擊，甲板上布滿了屍體和鮮血，梅納德的副指揮官也在這時陣亡，還損失了一艘船。梅納德後來寫道，要不是他們的步槍很幸運地射斷了黑鬍子海盜船的三角帆和前帆，讓梅納德得以追上逃跑的海盜，這群海盜本來是可以逃生的。在之後的戰鬥中，黑鬍子身中五槍而亡，而其他船員不是當場被殺，就是在被俘虜後被絞死。

幸好你已經脫離他們了。這時退休的你會躺在馬達加斯加的海灘上，享用著雞尾酒，又或者是你可能會成立一家風險投顧基金，投資那些在國際貿易中尋求利潤豐厚機會的海盜企業家。可以把這家投顧取名為風險投資（Adventure Capital）。

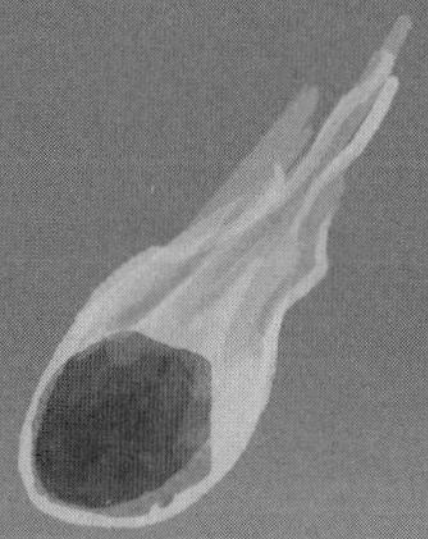

如何在唐納大隊中生存？

假設你想一夕致富，大發橫財，但是在時空之旅中卻穿越回一八四六年的美國中西部，蹲在某個地方，從土裡拔出馬鈴薯。你厭倦了拔馬鈴薯的生活，想要去淘金，去碰碰運氣，尋找那些埋藏在內華達山麓的財富[80]。於是你搭上了一台科內斯托加式篷車（Conestoga wagon），這是當時在北美洲很普遍的一種交通工具，你加入了當年度前往加州的移民車隊，一起向西而去。七月二十日，你和其他早期的拓荒者，一同盯著今天懷俄明州西南部的一個十字路口。和他們一樣，你面臨著一個選擇：向右轉？還是向左轉？

這兩條路都會通往加州，但右邊的小路會繞到偏遠的北邊，一路蜿蜒進入愛達荷州深處，然後再來個大逆轉，向南返回內華達州東部。而左邊這條路則避開了向北的繞行，直接穿越猶他州，這樣你的旅程就會少走將近五、六百公里的路。假設你已經查看過地圖，記得這條比較省事的路線，因此這時你會選擇向左轉。

一開始，你的這項選擇似乎頗為明智。冒險家蘭斯福特．黑斯廷斯（Lansford Hastings）也是廣為人敬重的嚮導，去年冬天曾騎馬探索過這條捷徑，並在沿途的旅遊書和摺頁上宣傳他發現的這條新捷徑。儘管如此，大部分的車隊還是會向右轉。因為他們害怕未知的事物，而且不願意輕信他人的建議。但你不是，而且你並不是唯一一個渴望早點抵達加州的人。在那個七月的早晨，當你左轉時，還有其他二十輛篷車也做了同樣的決定。在經過幾天平靜的旅程後，基於安全考量，你和其他之前不認識的拓荒者聚集起來，經過一番辯論，你們選出一位善良、年長且富有的人來當這個隊伍的領導者。

他的名字叫喬治．唐納（George Donner）。

黑斯廷斯建議的這條路徑有個問題，那就是實際上這並不算是一條真正的路，這只是他在地圖上畫的一條線，而這條線會穿過猶他州的瓦薩奇山脈（Wasatch）。遇到馬車無法通行的地方時，你們得用斧頭和鏟子自己開闢道路，在接下來的五、六十公里路都是如此。原先你們計畫用三天的時間穿過瓦薩奇山區，但最後花了三週。

在八月二十日那天，疲憊不堪且糧食消耗得差不多的你們，到達了瓦薩奇山頂，映入眼簾的卻是讓人望之興嘆的景象：大鹽湖沙漠。黑斯廷斯早就提醒過會

80 原註：如果你真的想致富，還是放下你的篩金盆吧！帶上你的縫紉針。在淘金熱中要真正賺到人生第一桶金的方法是去賣堅固的牛仔長褲。

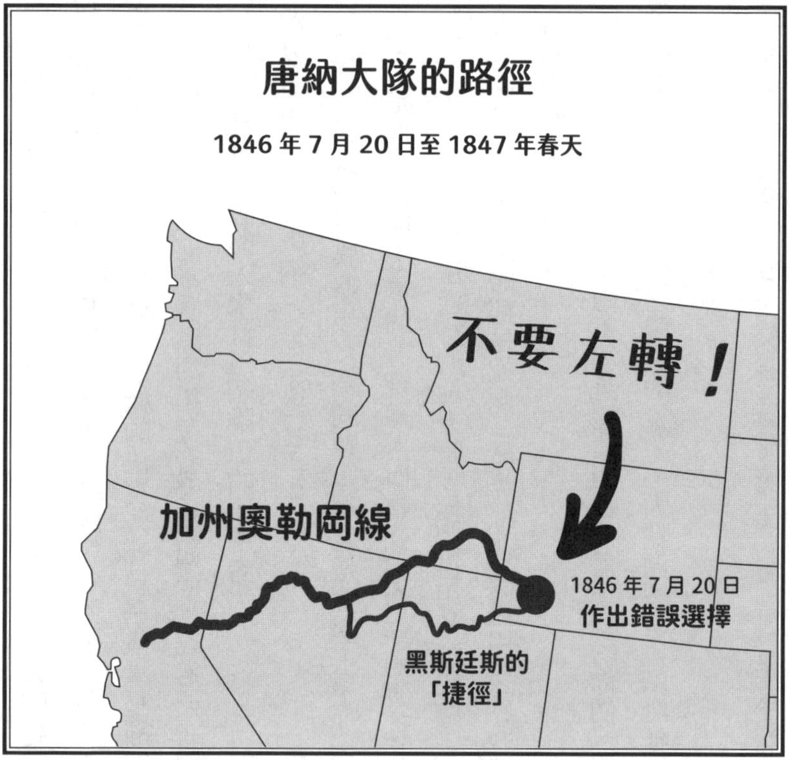
唐納大隊的路徑
1846 年 7 月 20 日至 1847 年春天
不要左轉！
加州奧勒岡線
1846 年 7 月 20 日
作出錯誤選擇
黑斯廷斯的
「捷徑」

有這場「乾駛」，你們也早有心理準備，不過他說這一片乾涸大地的範圍還在可以忍受的距離內，約莫是六、七十公里。但實際距離大約是這數字的兩倍。一開始你們會擔心牛隻牲口的生命安全，接著你們開始憂慮起自己的安危。在那段六天六夜的時間裡，你們趕著那些口乾舌燥的牛群穿越沙漠，拚命地尋找水源。

當你們最終到達另一側時，你們的車隊失去了三輛馬車和四分之一的牛。這時你們起了內鬨，開始相互指責，氣氛變得緊張起來：當你們來到內華達州的第二個沙漠時，你的同伴詹姆斯・里德（James Reed）和約翰・史奈德（John Snyder）爆發衝突。最後里德刺死了史奈德，車隊決定將他驅逐[81]。兩天後，路易斯・凱塞貝格（Lewis Keseberg）將哈德科普先生從他的馬車中趕了出來，以減輕他的負擔，任哈德科普自生自滅。

黑斯廷斯的這條捷徑讓你們失去生命、朋友、貨車、食物、補給、工具、牲畜，以及你們最寶貴的資產：時間。這條黑斯廷斯路徑非但沒有縮短三週的旅程，反而增加了將近四週的時間。因此，在十月十三日這天，你們不是順

81 原註：此舉反而有可能救了他一命（唐納大隊可不是個容易待的車隊），而且驅逐他最後可能還拯救了你們的性命。里德最終成為救援隊的主要組織者。

暢地進入加州的沙加緬度（Sacramento），而是到達今天位於內華達州的雷諾（Reno），並為攀登內華達山脈做準備。

儘管你們的行程耽擱了，但若是在正常年分，還是可以順利通過這些山區。在十月底甚至十一月初，都還不會下大雪。在一般時節，在接下來的幾週內不會下大雪。「唐納大隊有九成以上的成功機率。」內華達山脈歷史學家，同時也是《受盡風暴的唐納大隊》（*The Donner Party: Weathering the Storm*）一書的作者馬克．麥克勞林這樣跟我說。

可惜一八四六年的冬天來得比往常早。當你們到達時，內華達山脈的頂部已經被下了兩週的積雪所覆蓋，這項天候的可怕轉變對你們來說非常不幸，也產生決定性的後果，即使在理想的天候條件下，你們的牛隻也很難通過。當你們在十一月一日嘗試通行時，會發現山路被埋在厚達一公尺半的白色粉末中，不可能通行。所以，在距離山頂不到五、六公里的地方，你們只剩下兩個糟糕的選項：一是拋棄你的馬車和牛，穿上雪鞋，徒步前往沙加緬度，開創新生活；或是撤退到特拉基湖（Truckee Lake）邊的幾間小木屋，這是幾年前一些先行的拓荒者搭建的。

唐納大隊選擇了撤退。

我請教了唐納紀念公園（Donner Memorial State Park）的歷史學家比爾・鮑內斯（Bill Bowness），問他當時選擇撤退是否真的比較好，他表示如果唐納大隊當時放棄裝備，選擇徒步跋涉，可能會減少死亡人數。所以就他的建議來看，你不妨放手一搏。總之，你們隊伍裡的麥克勞夫林（McLaughlin）等人不太想嘗試。一方面是因為在十一月的第一週有一場大風雪襲擊了山脈，另一方面是後來有些人嘗試穿上雪鞋，從特拉基湖步行到沙加緬度的薩特堡，而這可能需要長達一個月的時間。如果你嘗試步行，有可能會耗盡食物，也有凍傷之虞，甚至可能會因為餐風露宿太久而死亡。因此，為了安全起見，還是選擇與唐納大隊的其他成員一起撤退到湖邊，躲進那些小屋裡。請注意，如果你選了撤退，就注定要在山裡度過一整個冬天。唐納大隊顯然不知道這一點。他們以為內華達的塞拉（Sierra）山脈就像他們所熟知的中西部山脈那樣，一旦天氣轉好，就會放晴，出現通道。但在這裡沒有這種好事。

食物很快就成了問題。你們可以嘗試去打獵，但基本上這沒有什麼希望，因為大型動物在冬天這個時節幾乎都撤離山區，不然就是在冬眠。鮑內斯告訴我，剩下的動物體型都太小根本射不到，不過要捕捉牠們也不無可能。在一八四四年，十七歲的拓荒者摩西．夏倫伯格（Moses Schallenberger）在塞拉山脈靠著捕捉土狼和狐狸，獨自度過了冬天（他後來說，土狼的味道很糟，狐狸倒是很美味）。

不幸的是，雖然唐納大隊的隊員都生性堅強、精明、努力、富有創業精神又勤勞，但他們是中西部農民，不懂得山區生活的技巧。他們身邊沒有捕動物的陷阱，也沒有從湖裡捕鱒魚的釣具。如果你們要吃東西，那就只有牛和馬車上隨身攜帶的食物。

你們的糧食僅能維持幾天，之後，你們就會開始吃牛。但在湖邊待了六星期後，唯一剩下的食物就是皮衣、靴子和毯子。唐納大隊會將皮革煮幾個小時，直到它們變成漿狀，在冷卻後吃掉當中的膠狀物質。不過這只是用來充飢的，這時的你們都快餓死了。

很快你就會開始注意到一些微小但明顯的跡象，顯示你的體力和認知能力都在下降。你的大腦將其能量來源從葡萄糖轉換為脂肪，你逐漸失去有效收縮血管的能力，因此會感到越來越煩躁、沒力氣和寒冷。少了食物，你的身體就會消耗自身來獲取所需的能量。先從蛋白質和脂肪開始，但由於這時你已經掉了很多體重，身體很快就會取用自己的肌肉，包括你的心臟。當體重掉了百分之三十五時，可能會出現抽搐和幻覺。你虛弱的心臟開始出現心律不整的問題，最終便會衰竭。

至於你的身體陷入這些危險狀態的確切時間，取決於幾個重要因素：你本人的運動量、飲食、年齡、人際關係，以及最重要的：你的性別。

若你是一個二十多歲的單身男性，身體狀況正達到顛峰，那麼你就是餓死的高危險群。你身體的脂肪儲備最少，新陳代謝率最高，而且不會有人來幫助你。第一批餓死的便是那些身體健康又沒有家累的年輕人。如果你也符合上述條件，最好要採行下面幾項步驟，不然你是活不過聖誕節的，可能會落得和貝勒斯·威廉斯（Bayless Williams）、雅各布·唐納（Jacob Donner）、山繆·舒梅克（Samuel Shoemaker）、約瑟夫·萊因哈特（Joseph Reinhardt）、詹姆斯·史密斯（James Smith）和查爾斯·柏格（Charles Burger）同樣的下場，他們都在十二月的最後十天死去。他們都是男性，而且除了五十六歲的唐納之外，其他人的年齡都介於二十四到三十六歲之間。你們把他們埋在小屋外很淺的冰墳裡。

我請教了著有《性別與死亡：在西部移民的路上》（*Sex & Death on the Western Emigrant Trail*）一書的華盛頓大學人類學教授唐納德·格雷森（Donald Grayson），問他為什麼年輕人最快餓死，他說有幾個因素會增加他們餓死的風險。首先是文化。

在一八〇〇年代，拓荒者的性別角色很明確，格雷森說：「當時對男性的期望就是能夠從事繁重的勞動，而事實也是如此。」辛苦的工作會增加你的熱量消耗，所以在這殘酷的情況下，你越是在營地周圍幫忙，越是在瓦薩奇山谷開闢道路，就死得越快。

如果你是女性，那麼你面臨的直接危險比男性少，但這不僅僅是文化優勢，也有一些生物學上的特性。平均而言，女性的去脂體重比男性低，皮下脂肪多，這意味著她們的身體儲存了更多的熱量，自然新陳代謝率也較低。換句話說，身為女性，你比男性擁有更多的燃料和更持久的耐力，這一點在距離下個補給點很遠時就變得很重要。

這項優勢不僅可以延長你在營地的生存時間，還能為你帶來一個逃跑機會，這換成是男性來做的話就相當不明智。在十二月十六日這天，有十男五女穿著雪鞋，爭先恐後地翻過山口。

這次的旅行簡直就是直奔地獄而去。你們迷路了，被暴風雪困了一週，你們在寒冷的天氣裡又徒步了五個星期，幾乎沒有食物。然而，出發的十名男子中有八人死亡，但五名女性全都倖存下來。所以，如果你是女性，可以考慮參加十二月十六日出發的這個旅行團——儘管這次的旅程太糟糕了，不值得推薦。若你是個男人：恐怕很難完成。

實際上，你不僅應該跳過那次艱苦的徒步旅行，而且最好的策略就是當個躺平族，什麼都不要做，你需要讓你的新陳代謝率降下來，趨於平穩。減少運動，你的熱量需求可以減少約五成到八成；你不用為了生存而努力，而是盡量進入你人生最頹廢的狀態。「在唐納大隊中，當一個沙發馬鈴薯絕對比當馬拉松運動員來得好。」格雷森說。他舉了喬治．唐納的例子來說明，他的手部因為感染，整個冬天都臥床不起。他一直活到三月，而那時大多數他的同齡人都餓死好一陣子了。

避免任何運動和勞力，並跳過那次的死亡之旅，那你至少應該能活到一月分。但到二月的第一週時，距離真正的救贖至少還有三個星期，但你們已經有一個多月幾乎沒吃東西了，你們的處境變得岌岌可危。在一月底和二月的第一週，蘭德魯姆・墨菲（Landrum Murphy）、奧古斯都・史皮策（Augustus Spitzer）、米爾特・艾略特（Milt Elliot）和第一個餓死的女人愛莉諾・艾迪（Eleanor Eddy）都死在湖邊。如果你還是找不到東西吃，可能很快就會加入他們的行列，幸好你身邊到處都是食物。你只需要克服一大禁忌，就可以大快朵頤。

吃人肉並不總是那麼令人作嘔，至少就社會層面來看。考古學家發現，歷史上屠宰人骨的行為相當頻繁，這不可能只是零星的偶發狀況，也不是只有在飢餓時才會採行的做法。在西方文化席捲全球前，在儀式中的食人行為並不少見。

「居住在亞馬遜雨林的瓦里人（Wari'）在得知西方人會將亡者埋葬後，感到震驚不已，就像西方人發現瓦里人會吃掉死者時的感覺一樣。」著有《同類相食：一種完美的自然史》（*Cannibalism: A Perfect Natural History*）的比爾・舒特（Bill Schutt）這樣告訴我。

換句話說，對同類相食的厭惡並不是與生俱來的。這是一種無法以達爾文演化論解釋的社會禁忌（相較之下對於亂倫的反感則存在有生物學解釋）[82]。食人行為之所以與其他社會禁忌不同，是因為它具有一股令人難以逾越的強大力量。唐納大隊日後可能因食人而留下惡名，但在當時還是有十多名成員寧願餓死也不願吃死者的屍體。

當我問舒特，何以食人禁忌會變得如此強大，讓人寧可冒著死去的風險也不願意違反，他表示部分原因是這個禁忌相當古老。長久以來世人一直害怕和鄙視食人族，甚至連你不小心折斷一根肋骨時，都能覺得自己違反了一些自然法則。但根據舒特的說法，你實際上打破的只是一些仇外的古希臘人過去發明的社會規範。

舒特在西方文化中追溯這類禁忌的最早例子，一路回到早期的希臘故事，好比說在荷馬的《奧德賽》（*Odysseus*）中，有描寫到波呂斐摩斯（Polyphemus）和奧德修斯（Odysseus）的故事。在這故事中，獨眼巨人抓住了奧德修斯和偷他東西的手下，並開始將他們一一吃掉，直到奧德修斯弄瞎巨人的眼睛為止[83]。舒特認為，這可能是有作家首次將同類相食描述為怪物行為的例子，但絕不是

82 原註：事實上我們有充分的理由相信。天擇應該青睞會同類相食的族群，而不是加以淘汰。畢竟，如果適當食用是可以挽救生命的，就像這即將拯救你的生命一樣。

83 原註：這個比喻可能是荷馬發明的，但他絕不是最後一個使用這說法的人。回想一下殭屍、《德古拉》、《韓賽爾與葛雷特》、《小紅帽》、《白雪公主》，以及《格林童話》中基本上所有其他的故事。

最後一個。

「希臘人也用同類相食來定義另一群人所展現的最糟糕的行為。」舒特說。他們選擇將同類相食當作是怪物行為的原因可能相當簡單：他們的敵人北歐食人族（Androphagi）就有這樣的習俗。對希臘人來說，人肉是外邦人的食物，因此吃人肉的人最低賤。從那時起，加諸在這上頭的恥辱感只是與日俱增。

「羅馬人從希臘人那裡繼承了這一禁忌，並將其與猶太教和基督教中對待死者的信仰結合起來。」舒特說。再加上早期人類學家所抱持的種族主義，他們以這種行為當作理由來合理化他們進行文化滅絕的屠殺行徑，所以這份恥辱感變得更加深沉，因此唐納大隊中有許多人寧死也不願打破這樣的禁忌。直到二月下旬，被困在湖邊的唐納大隊成員才開始出現同類相食的情況，那時至少已經有十三人餓死。[84]

千萬不要跟他們一樣變成餓死鬼，湖邊就埋著冷凍食品，如果你想活下去，就得去食用。你所要做的就是拿起一把刀、一把鏟子，克服來自古老排外禁忌的心魔。根據二十世紀初期的記者威廉·西布魯克（William Seabrook）所做的一項駭人聽聞的實驗，人肉的味道就跟小牛肉差不多。

這些熱量可以讓你保持一些活力，而且持續的時間比你想像的要長得多。在那些最終開始食用人肉的那批人中，凱塞伯格（Keseberg）似乎是最有活力的，他不僅活了下來，而且不知為何，他錯過前兩次的救援行動，但仍然活著，還有足夠的體力在四月十七日救援隊第三次前來時，與他們一起徒步走出去。

在食用人肉時，必須採取一些安全預防措施。首先要將肉徹底煮熟，以免生病。這時千萬不要嘗試韃靼料理或生食。另外一點是避開大腦，因為食用腦部有很小的風險會感染一種名為庫魯病（kuru）的致命病症，這是由跟過去引起狂牛症一樣的普恩蛋白（prion）所引起的。要將目標放在大腿、臀部、小腿和背部肌肉上，這可獲得最高的熱量回報。每具屍體的熱量為三萬兩千卡路里（這是以一具六十六公斤重的男性屍體來估算，這算是偏輕的體重，不過以你們的遭遇來看，這項估計可能相去不遠，畢竟你吃的是餓死的人），而且至少

84 原註：在十二月嘗試徒步離開的那批人確實在同伴死後吃了他們的骨肉，這包括富蘭克林．格雷夫斯（Franklin Graves）、安東尼奧（Antonio，姓氏不詳）、帕特里克．多蘭（Patrick Dolan）和傑伊．福斯迪克（Jay Fosdick）。我們也有很好的理由相信，徒步隊伍中一位名叫威廉．福斯特（William Foster）的人射殺了路易斯和薩爾瓦多這兩位米沃克美洲原住民嚮導，只是為了要吃他們的肉。這是唐納大隊成員中唯一一次是因為要吃人而動手殺人的例子，其餘被吃的人都早已過世。

有十三具屍體供你食用，甚至可以分享給同伴，這足以支撐你們到二月十八日，那天第一支救援隊就會到來。

在深雪中徒步八天後，你們會到達熊谷的前方營地，那裡有一間裝滿美味食物的食品儲藏室。不要吃裡面的東西，或者至少不要吃太多。長期飢餓導致你體內的磷酸鹽和鎂等礦物質濃度降得非常低，已經到了危及健康的地步，但消化作用需要從你的血液中吸收這些礦物質，以你現在的狀態來看，進食有可能會要了你的命。與第一支救援隊一起走出來的威廉．胡克（William Hook）就在狼吞虎嚥後死去。所以，請記得要細嚼慢嚥，不要大吃大喝，這樣你就能好好活下去。

即使加入唐納大隊，你還是能安全抵達加州。只是要盡量減少移動，略過徒步隊伍，學會吃皮革熬製的食物，當然，也要克服一些仇外的古希臘人流傳下來的古老禁忌。

或者，你也可以在一開始時就向右轉。

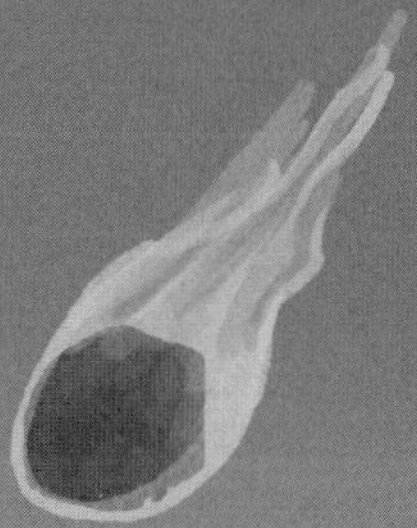

如何安然度過一九〇六年的舊金山大地震？

假設你想回去早年的舊金山市區，去到那裡最熱鬧、最有活力的地方漫步遊覽，想要體驗一下，在淘金熱潮之後，這座霧氣瀰漫的港口小鎮，如何躋身為密西西比河以西最大城市的風情——當時，這裡還矗立著美國西海岸最高的建築，城裡充滿古意的美麗磚砌樓房，尚未被現代建築運動所取代。你想看看這座城市還沒蓋起跨海大橋的樣貌，在沒有金門大橋之前，要與加州其他地區連結很不容易，要離開這座半島只能等待渡輪。

於是你穿越回一九〇六年四月十八日。因為你把這一天排滿行程，所以你決定在清晨時分就抵達這座城市，這時大半的城市仍在沉睡，燃氣燈是街道上唯一的光源。

你去之前早已做好功課，因此你選在舊金山阿西斯傳教所（The Mission San Francisco de Asis）開始你的行程，這是創建這座城市的起始點，這地方也稱為多洛雷斯教會（Mission Dolores），是在一七七六年由西班牙傳教士弗朗西斯科·帕盧（Francisco Palou）建立的，那時他第一次抵達這個地形主要是沙地丘陵，而且與世隔絕的半島。

當年弗朗西斯科是以一旁流過的多洛雷斯小溪，來為這座教堂命名，但你環顧四周時可能會覺得奇怪，因為附近根本沒有小溪流過。不過昔日的河床還在，就在街道下方，只是早已被拓荒者扔在那裡的草皮和垃圾所掩埋，他們將廢棄物和泥土倒在沼澤裡，好在上面大興土木。這個古老的泥坑如今已被道路、教堂、牲畜飼養場和房屋所覆蓋住，但它就在那裡，構成了你眼前若隱若現的這座建築物的地基。就在你嘗試理解這個奇怪、晦澀、看似隨機的地質故事時，在凌晨五點十二分整，你突然感覺到腳下傳來劇烈震動。

好在只是虛驚一場。

沒有造成任何損害。

但這是一個警告。

你需要逃跑。

剛剛的震動只是前震。這是穿過地殼的第一波能量，預示著之後要發生的主震。而這場主震是美國大城有史以來遭遇到的最大地震。根據倖存者的描述，前震在真正的地震開始前大約三十秒發生，這意味著在這座毫無準備的城市遇上七點八級的地震前，你只有約三十秒的時間來尋找藏身處。許多建物會完全倒塌；幾乎每棟建築物都遭受嚴重損壞；磚塊、教堂尖塔、陽台和塔樓直接落

舊金山市區

1906 年 4 月 18 日凌晨 5 點 12 分

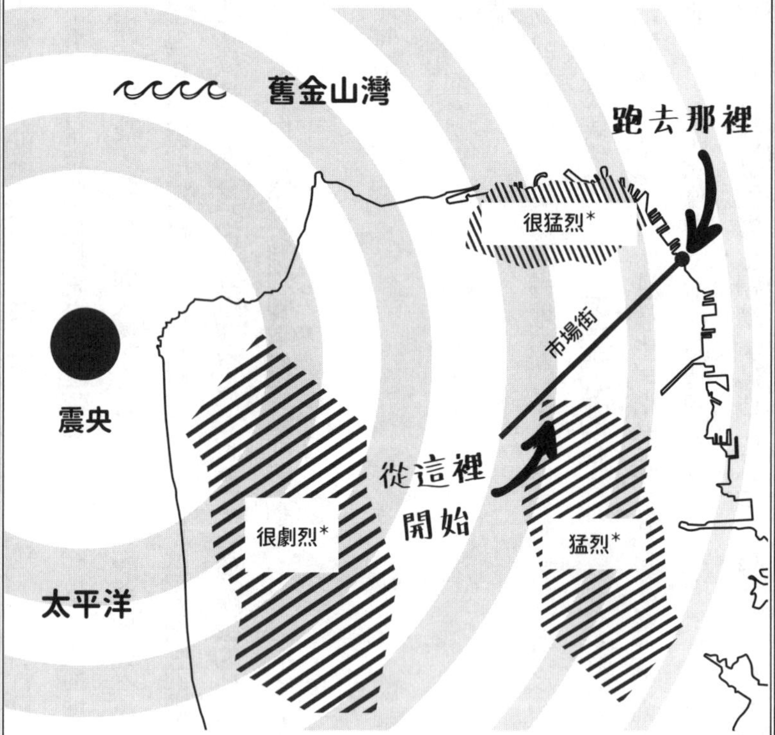

＊劇烈搖晃

在下方的街道上；水管爆裂；瓦斯總管爆炸，幾乎所有沒被震壞的建物也在四天後的大火中燒毀，整座城市的燃燒面積是之前芝加哥大火（Great Chicago Fire）[85]的兩倍。在美國漫長的自然災害歷史中，一九〇六年的這場大地震造成的死亡人數僅次於一九〇〇年的加爾維斯頓（Galveston）颶風。而在經濟方面的損失，更是達到空前絕後的程度。在接下來的四天內，這座城市的四分之三變成了瓦礫和灰燼。至少有三十萬人無家可歸。超過三千人死亡。

但這一切都是後來發生的。

在你一感到前震時，就需要趕緊遠離這條街，因為你周圍都是一些結構可疑的建築物，而且地基蓋在過去拓荒者的垃圾坑上，搖搖欲墜。但說來也有點令人費解，這時你最安全的做法是進入其中一棟。唯一比待在搖搖晃晃的房子內更危險的地方就是待在房子旁邊，因為在三十秒內，城市中幾乎所有煙囪、教堂尖頂和圓頂都會倒塌，直接砸到下面的街道上。一些磚砌建築甚至整面牆壁都倒了。如果這場地震發生在幾個小時後，當整座城市甦醒，工人擠滿在道

85 譯註：這是在一八七一年發生的火災，從十月八日星期日一直燒到十月十日星期二的早晨，約有近三百人喪生，十萬人無家可歸，共計燒毀了約九平方公里的芝加哥市區。

路上時，死亡人數將是原來的許多倍。這場地震發生的時機算是它為數不多的一項善行，但對你這位早起的遊客來說，可沒有什麼好處，你得趕緊找一棟房子躲進去。

當然，你不可以隨便闖進一棟建築物。善用你的三十秒，檢視一下你的選項，進行一些結構評估。內牆較少的建築支撐屋頂的力量較弱，因此在地震中的表現特別差；穀倉、工廠、牲畜飼養場，和其他具有大型開放內部空間的建築，會比設計來用於居住的建物更容易倒塌。在一九〇六年的那場地震中，舊金山的倉庫幾乎都倒了，所以千萬別躲在這類建物中，去尋找房屋、辦公室、公寓或任何內牆較多的建物來藏身。

其次是避開磚造建築**以及**旁邊的建築。磚砌的建物會直接碎裂而不是搖擺，要是你身在其中，會是一個問題，但若你是站在它旁邊，恐怕會更慘。通常，磚砌建築只是牆壁碎裂而不是倒塌，因此裡面的人反倒沒事，但會給下面的人帶來很大的風險。舊金山的許多死亡案例，包括舊金山消防隊長丹尼斯・沙利文（Dennis Sullivan）在內，都是因為鄰近建築物倒塌在原本穩定的屋頂上而造成的。

最後，在選擇藏身處時，請花一點時間注意建物的方位。這點確實讓人驚訝，沒想到建物所面對的方向竟是如此重要。如果可以的話，請躲進一棟地基是南北向而不是東西向的建築物，這在即將到來的東西向震動中會更加穩定。

一旦你找到了位向完美、單層、房間多，而且周圍有類似建築的木造房屋後，就躲到門廊下面，或至少躲在桌子下面。蹲下身體，用雙臂保護頭，如果可以的話，朝向西邊看去，在那裡你會看到剛剛才冒出來的聖安德烈亞斯斷層（San Andreas），那時它僅有一個餐盤的大小。

聖安德烈亞斯斷層，標誌著太平洋和北美洲下方兩大板塊間的交會點，與北邊的卡斯凱迪亞隱沒帶（Cascadia fault）不同，這兩大板塊並不會隱沒到彼此的下方，而是同時朝著西北方向移動，只是太平洋板塊移動的速度較快，因此兩者的移動並不同步。這其間的摩擦力能夠將板塊維持在一起，可以是數年、數十年，甚至幾個世紀，但隨著時間過去，壓力日漸累積，最後就像高山上的積雪一樣，只要一個小小的擾動就足以引起大規模的連鎖反應，造成雪崩。

一九〇六年四月十八日凌晨五點十四分，聖安德烈亞斯斷層線的一小區塊斷裂開來，位置約是在日後將搭建金門大橋的西側。史丹佛大學地球物理學教授威廉・艾爾斯沃斯（William Ellsworth）告訴我，最初發生在這斷層中的裂縫其實非常小，僅有一個餐盤大。兩個斷層相互摩擦時經常會發生這類型的斷裂，只是這次碰巧是在累積了幾世紀的張力後，微小的斷裂瞬間升級，引發了可說是聖安德烈亞斯斷層所能造成的最強地震。在剎那間，太平洋板塊相對於北美板塊平均向北移動了四、五公尺，在某些地方甚至有六公尺多。

斷裂造成的震波，以每秒約三點二公里的速度沿著斷層延伸，先是向北移動，然後回到聖拉斐爾（San Rafael）西邊的陸地，經過馬林（Marin）、佩塔盧馬（Petaluma）、聖羅莎（Santa Rosa）下方，然後繼續向北，直到在尤里卡（Eureka）附近才停下來——距離超過三百二十公里。

震波也向南移動，穿過舊金山南部的山丘，進入聖安德烈亞斯水庫下方，這道斷層就是由此而得名的，然後繼續南下穿過日後成為矽谷的地方，穿過聖荷西（San Jose）、薩利納斯（Salinas），一直到達聖路易斯奧比斯波（San Louis Obispo）。這場地震總共撕裂了加州約四百八十公里的海岸線。

突然的震動發出強大的壓力波，穿過地層向外擴散，就像高速行駛的電動遊艇所產生的尾流一樣。連續震波的振幅有近一公尺，就這樣造成地層起伏，以音速九倍的速度穿過地殼。當震波從破裂的震央向外輻射時，會搖晃土地，並將其壓個粉碎。

最先感受到這場地震的是「阿爾戈號」（Argo）上的船員，船上的螺栓從插座中噴出來，堅固的金屬船體也向內凹陷，就像附近有顆深水炸彈爆炸了。船長後來說，當時他覺得整艘船好像都要散了。船員紛紛從床鋪中爬出來，以為會看到洶湧混濁的海浪，但他們只看到一片平靜的藍色海水，既沒有海嘯，也沒有波浪。說來「阿爾戈號」算是相當幸運的，像聖安德烈亞斯這樣錯位的斷層通常不會產生大型海嘯。它們的相互運動只會使地層震動，但不會產生大量水體的移動，因此不至於引起巨大波浪，海嘯通常發生在板塊沿著斷層沒入另一板塊時的地震中。在這種情況下，斷層破裂時會造成海床下降。二〇一一年在日本的地震就帶來了三、四十公尺高的海嘯，當時海底下降了十五公尺多。由於聖安德烈亞斯是左右晃動，即使在最大的破裂處，也不會造成多少海水的移動，這就是為什麼儘管你在一九〇六年地震時得面臨許多危險，但至少不必擔心海嘯。

在地層破裂後的幾秒鐘，地震造成的土地波動就穿過了舊金山，若是你這時再繼續向西看，甚至有可能會看到震波靠近的畫面。首先可能會看到建築物的頂部開始在天空中擺動，據一位記者的描述，當時的聖弗朗西斯酒店劇烈搖晃，看起來就像是「暴風雨中的一棵樹」。不久後，甚至可能會看到震波本身以超音速的速度流逝。在市中心工作的警官傑西．庫克（Jesse Cook）回憶道，這些土地的起伏看起來「就像海浪一樣向我湧來，洶湧澎湃」。

當震波到達時，聲音也隨之而來。深沉而可怕的隆隆聲，還有伴隨著岩石磨碎、水泥破裂、地基崩塌、磚塊從上方傾瀉而下的各種聲響。在穿過舊金山的丘陵區到達北部和西部時，堅固的基岩開始減弱地層的運動。在這場地震發生後不久，美國地質學家協會的哈里．伍德（Harry O. Wood）就前來進行損害評估，根據他的說法，舊金山基岩的震動強度並未超過羅西－福雷爾（Rossi-Forel）[86]十級震度表中的第七級。但你現在所在的地方，剛好就在那片老一輩拓荒者的垃圾掩埋場的頂層，你會覺得自己好像坐在一碗果凍上。鬆軟的土壤就像液體，在震波的波谷和波峰間來回晃動。在羅西－福雷爾震度表中，這樣的震動可算是第九級。庫克警官回憶道，若是你當時是站立的，會被震倒在地，然後動彈不得，「就像被黏住了一樣」。在城市的另一端，日後成為知名攝影師的安塞爾・亞當斯（Ansel Adams）當時才四歲，在地震時摔斷了鼻梁，日後他說道，這場地震「永久損害了我的美貌」。

如果你想避免類似或者更糟的命運，最好是將自己蜷縮起來，像是一顆球那樣，用手臂護住你的頭和脖子，等待那振幅近一公尺高的連續土浪一次次地將鬆軟的土壤撕開，壓實然後再沉澱下來。在不到一分鐘的時間內，舊金山教會區向南猛衝兩公尺，又下降一公尺半。有些建築物能夠承受這種移動，但多數都不行。

地震就像是一位嚴格的建築稽查員，一絲不苟地挑出舊金山過往貪腐政權和魯莽建設的缺失。地震測試了這座城市建造的廉價寄宿公寓，這些房舍就大剌剌地建在覆以垃圾和軟土的沼澤區上，經過這一震，可說是原形畢露，許多缺陷都暴露出來。連市政廳都倒了，商會後來表示，這是「糟糕的政治加上糟糕的水泥」，混合在一起的後果。巴倫西亞大街飯店（Valencia Street Hotel）整

86 編註：由義大利地震學家米歇爾・斯特凡諾・康特・德羅西（Michele Stefano Conte de Rossi）和瑞士地震學家弗朗索瓦・阿方斯・福雷爾（François-Alphonse Forel）於十九世紀後期所提出，它在麥卡利地震震度（Mercalli intensity scale）使用前被使用了約二十年。

棟陷入地下，住在頂層的房客可以直接出門來到街上，而那些住在底層的則全被壓死；多洛雷斯教會旁的磚砌教堂完全倒塌；哥倫比亞劇院和維多利亞酒店的牆壁倒塌在鄰近的建築物上，壓垮了較小的建築物。

經過六十秒劇烈的搖晃，地震及其震耳欲聾的刺耳聲音終於結束，這時，你可以聽到一陣較為安靜但更駭人的聲音，這是氣體逸出時發出的柔和嘶嘶聲。

假設你剛剛選到一棟正確的建築物避難，活了下來，而且幾乎同樣重要的是，你沒有被倒塌的建物所困住，那只能說你運氣滿好的。不過危險才剛要開始，你現在需要盡快離開這個避難處。剛剛那些被移動的泥土壓扁了城市道路下方南北走向的煤氣管。如果你往街上看，很可能會看到這些管線像斷臂的骨頭一樣刺穿地面。這些切斷的管線，現在將瓦斯噴往劃過天際的電線那裡，而地下的爆炸就跟街道上亂擺的電線一樣，炸出一條條深溝。幾天後，那些被掉落碎片砸死的數千匹馬和牲畜，會將這些深溝填滿。而目前，這些爆炸點燃了這座城市古老的火藥桶：位於市場街（Market Street）南邊的那些密集隔板屋。幾分鐘之內，舊金山南區就發生至少五十起火災。

火災是舊金山市民很熟悉的敵人，在這座城市的淘金熱時期，至少發生過七次大火，其中包括一八五一年一場持續三天的火災，當時毀掉全市四分之三的建築。這座城市經常遭受祝融之災，有些住在市場南邊的人因為失火而重建家園和店面的次數就高達五次。

就在這場地震發生前一年，國家火災保險委員會（National Board of Fire Underwriters，簡稱NBFU）才分析過舊金山的火災敏感度，當時的結論是，當地結合有高層建築、強風、密集人口和木造結構等特性，是火災發生的高風險區，並將其評等為「極度嚴重」。這份報告中提到，舊金山的五百四十八名正式消防員若是同時遇到十幾場火災，絕對是分身乏術，難以保護這座城市。而在一九〇六年四月十八日這天的凌晨五點半，他們至少得去搶救五十場大火。

國家火災保險委員在一九〇六年大火的勘驗報告中指出，即使在理想條件下，大火也會讓這座城市的消防部門疲於奔命。而他們唯一的機會也隨著大量煙霧的出現而消失，當消防隊員將他們的水管連接到消防栓上時，會發現瓦斯管並不是唯一在地震中斷裂的地下管道。在火災早期的關鍵時刻，消防隊員幾乎無法在市區內找到水源。後來的檢查發現，連接城市的九個地區水庫的水管網至少有兩萬處破裂。水從破裂的管道湧入街道和房屋，淹死了被困在倒塌建築物中的人，也將地區水庫放得一乾二淨，因此在消防員最需要水的時候，舊金山幾乎找不到一滴水。

不過對你來說還是有幸運的地方，第一批大火是發生在你的南方和東方，這意味著你還有一些時間。一跑出建築物，回到傳教區的街道上，你就會見到一片混亂。慘痛的經驗告訴舊金山市民，即使是遠處的火災也會帶來危險，一旦黑煙開始從東部地平線升起，大家就開始疏散。你會看到臉上還塗著剃鬍膏的半裸商人倉皇逃出，或是抱著家當的一家人，還有在搶救他們寶貴商品的商人。《舊金山郵報》（*San Francisco Call*）的記者詹姆斯·霍普（James Hopper）在報導中寫道，他親眼看到一名赤腳男子穿著粉紅色睡衣、粉紅色浴袍，裹著粉紅色被子——即使在逃生之際也兼顧時尚。

在一九〇六年，舊金山半島與灣區的其他地方還沒有橋梁相連。幸好在大火發生時，灣區裡的每艘船（從拖船、貨船到私人帆船）都迅速從城市的碼頭撤離，就像二戰期間最大規模的敦克爾克（Dunkirk）撤退一樣。到大火結束時，這些船隻疏散了三萬多人到對面的灣區去，務必要確保你也躋身在他們的行列中。

許多船隻是從舊金山渡輪大廈（Ferry Building）出發的，就位在市場街通往海灣的地方。市場街離你只有幾個街口，是在朝北的方向，所以在走出教會街（Mission Street）後就向左轉。但當你向北行動時，請記得不時回頭檢查一下後面，因為恐怕會有出其不意的威脅從你的南方襲來，而且也是可能會致命的。

地震結束後，大約有六十頭長角牛從南邊一座倒塌的牲畜場裡逃了出來，舊金山的街頭突然間變成潘普洛納鬥牛城（Pamplona）[87]。牛隻沿著教會街狂奔，踐踏著驚慌失措的居民，酒吧老闆約翰·莫勒（John Moller）想要退回自己的店裡，但在那之前就被戳傷了。當你跑步時，要不時回頭看看，要是看到牛群過來時，要更努力地跑，至少要比可憐的莫勒先生跑得快一點。

在經過幾個街口後，你便到達市場街，這個區域是舊金山向紐約百老匯的致敬。寬闊的主幹道斜切而過，穿越市區，從半島的地理中心一路延伸到海灣。沿著長長的大道向右看，會在約四公里的盡頭處看到一座高塔，那就是你的目

87 編註：位於西班牙納瓦拉大區首府潘普洛納，目前用於鬥牛。該鬥牛場興建於一九二二年，一共能容納一萬九千五百二十九人，是西班牙第二大鬥牛場，在聖費爾明節期間，這裡是奔牛的終點。

標。大火最終會毀掉這條逃生路線，但那是下午以後的事，如果你趕緊行動，應該在那之前就會到達。

然而，這時的你不應該衝刺甚至跑步。請小心地行動，注意路過的警察或士兵，如果他們有給你任何指示，請遵循他們的指示。

大火和牲畜並不是這裡唯一的危險。

地震發生後的幾分鐘內，在距離你一、兩公里的俄羅斯山莊（Russian Hill）由於建在堅固的基岩上，算是相對安全的地方，弗雷德里克．芬斯頓准將（Brigadier General Frederick Funston）將會站在那裡觀察下面發生的一團混亂。芬斯頓是舊金山北部軍事要塞的指揮官，他曾參與美西戰爭[88]和美菲戰爭[89]，並且在與菲律賓作戰時，搭乘木筏攻擊敵人的防禦工事，還因此獲得榮譽勳章。他就是大家口中的這個時代的優秀軍人，也是一個行動者。他是不會任憑那些對消防技術一無所知又完全缺乏經驗的市府官僚亂搞，為了控制住混亂的局勢，就算要打破從《大憲章》延續出來的軍事傳統，甚至違背美國憲法，他都在所不惜。

因此，差不多在你小心翼翼地躲避亂竄的牛角之際，站在山頂上的他歸納出了一項結論，在這種情況下，這座城市和其內的公民需要完全仰仗他的經驗。當天凌晨五點半，芬斯頓非法自行宣布戒嚴，並命令駐守部隊持刺刀進入城內維持秩序。到了早上七點，出現美國史上在和平時期最大規模的軍事占領畫面，軍隊進入舊金山市區的街道，並獲得射殺任何涉嫌搶劫者的命令。

許多士兵在執行這項非法命令時都太過嚴格，根本沒有認真盤查，只要稍有嫌疑就判處死刑。士兵會向任何雙手抱著財物從建築物中跑出來的人開槍，即使建築物只剩幾秒鐘就要燒起來，他們不問任何問題，不管瞄準的對象是否為商店主人，或是否正在搶救自己的財物，這類問題明明很重要，但他們也都不問。

沒有人知道在為期四天的大火中到底有多少公民是被芬斯頓的士兵所射

88 編註：Spanish-American War，發生於一八九八年四～八月，是一場美國與各獨立勢力共同對抗西班牙帝國的戰爭，戰爭於美國戰艦緬因號在古巴哈瓦那港沉沒後爆發。這場戰爭使美國成為加勒比海地區的主要勢力，並獲得西班牙在太平洋的領地。

89 編註：Philippine-American War，也稱為菲律賓獨立或菲律賓起義（一八九九～一九〇二）戰爭，由最初反抗西班牙殖民統治並成立菲律賓第一共和國，轉變成對抗美國兼併菲律賓的新殖民戰爭。這場戰爭發生在菲律賓革命和美國西班牙開戰之後，是菲律賓獨立鬥爭的一系列衝突之一。

殺，不過就當時報紙的報導來看，士兵和警察射殺或刺傷了至少一百名搶劫嫌疑犯。由於市政廳已經倒了，因此大多數受害者的名字都不詳，不過至少有一人的姓名和死亡情況是可以肯定的，他是舊金山的著名商人赫柏・提爾登（Herber C. Tilden）。提爾登當時正在為紅十字會工作，他開車時不小心闖過檢查站，士兵就直接開槍射殺了他。

經過市場時，你千萬不要進入任何建築物，不要拿東西在手上，眼睛更不要盯著那些，逃跑時推著裝滿現金和黃金手推車的銀行家。你現在正往那些巡邏的士兵走去，那裡即將發生第一起槍擊事件，就在早上七點剛過的市場街，一群士兵向一名雙臂抱滿東西匆忙逃離大樓的男子的背部開槍。大火很快就燒毀他遭到遺棄的屍體，以及任何能證明他的身分或他正在做什麼的事證。

當你穿過了一半的市場街時，在你南邊人口密集的街區升起了幾道煙霧，在空中合併成一團高聳的黑雲。到目前為止，大火已燒毀了整個工人階級住宅區擁擠的隔板房屋，那裡變成一處非常炎熱和封閉的煉獄，甚至發展出一套風力系統。

由於大火中心的溫度已高達一千一百多度，大量空氣迅速升溫，以超過時速一百三十公里的速度在強大的熱氣流中上升。大火就像暴風雨一樣，熱空氣上升到約十公里處高時，在大氣的高層冷卻，然後像火箭一般地落下，因風切而產生漩渦和小型的火焰龍捲風。

這場城市大火因為自身形成的風力系統而煽動火焰，因此在周圍造成如陣雨般落下的火花，火災專家稱這種情況為「餘燼襲擊」（ember attack）。即使是磚造建築和其他看似不易燃的材料，也難逃這場熱火攻勢。火花深入到每一處縫隙，鑽進它們易燃的內部。餘燼不可避免地找到孔洞與縫隙，宛如蛇一般地穿過通風系統、打開的窗戶或建物的裂縫。一旦進入內部，火焰就會由內而外地吞噬掉整棟建築，只留下燒毀的外殼。

儘管火還在幾個街口外，但你已經可以感受到這股熱度。在附近的舊金山鑄幣廠看守的一名警衛後來說道，直到中午左右，他一直擔心會有人趁火打劫，但在那之後，那裡變得超熱，就算是「魔鬼本人都無法靠近」。

在發現消防栓沒水後，消防局就放棄直接滅火的希望，而是沿著市場街開闢一條防火線，希望能將火勢控制在城市的南部地區。軍隊也加入他們，協助擴大防火線，並使用起炸藥。

但進展得並不順利。

當天上午九點，軍方引爆第一棟房子，他們之後還會引爆好幾棟舊金山的建築物，你甚至可能在第六街和市場街的轉角處看到這場景。千萬不要逗留或圍觀，設定引信的士兵誤判了時間，造成一名中尉查爾斯．普利斯（Charles Pulis）在爆炸中身亡。而這只是第一起悲劇事件，這項失敗的策略之後還會導致更多災難，引爆造成更多建築物起火，在防火線後面引發火災，摧毀了這座城市。

當你繼續穿越市場街時，會聽到在火焰的轟鳴聲中，夾雜有越來越頻繁的爆炸聲。有時你甚至可以看到炸彈在已經著火的建築物中爆炸，其中一個最慘烈的例子是士兵引爆了蓋在水邊的煙火工廠。

到上午九點半時，消防隊的希望徹底破滅，已經不可能以防火線將火勢控制在市場這邊，這時在防火線很後方也出現火苗，位於海耶斯街（Hayes）和高夫街（Gough）轉角處的一間廚房開始起火。一名消防員後來表示：「要是在發現這場火時能夠找到水，哪怕只有一點點，也可以輕易將它撲滅……但我們只能眼睜睜地看著它燃燒，然後蔓延開來。」

大火迫使消防隊員撤退到第二防火線，還沒到正午，大火就穿過市場街的北端，燒毀了加州街的銀行、北灘的義大利區和唐人街。但如果你繼續前進，應該能在大火封住你身後的道路前就到達渡輪大廈。

你到達渡輪大廈時，有一個選擇，就是搭上前往奧克蘭或阿爾卡特拉斯島（別擔心，當時那裡還不是聯邦監獄）的眾多船隻的其中一艘。

或者，你也可以留下來，協助這座城市完成唯一成功的消防工作。大約在你到達渡輪大廈的同一時間，應該會出現一位名叫弗雷德里克·弗里曼（Frederick Freeman）的海軍中尉，他帶領著六十六名水手、一艘驅逐艦和兩艘消防拖船。拖船配備有強大的水泵，很快就能供水，成為這整座城市唯一的水源。

在接下來的七十個小時裡，弗里曼和他的水手們持續沿著海濱滅火。當城市的其他地方都在燃燒時，芬斯頓將軍引爆數百棟建物，打算在范尼斯大道（Van Ness Avenue）建立的第二條防火線也宣告失敗，弗里曼決定要保持碼頭開放，允許船隻繼續將撤離人員運送到安全地帶。你可以加入他，在接下來的四天內協助拯救數百名舊金山人的生命。

四天後，舊金山西部邊緣的沙丘大火終於熄滅，這時如果你還有興致的話，可以安全地完成這趟旅程——不過根據小說家傑克．倫敦（Jack London）的說法，這座城市已經沒剩下什麼可以看的東西了。在這場災難發生後不久，他準備為《科利爾》（*Collier's*）雜誌寫篇報導，於是走遍了市區，他寫道：「一座現代化的帝國城市就這樣完全被摧毀，這真的是史上頭一遭。舊金山已經消失了。」

因此，現在可能是結束你這趟旅程的好時機。當然，聖安德烈亞斯斷層仍然在舊金山下方活躍地運行，而且在經過這麼多年後，還是沒有發展出可以預測地震的更好技術。地質學家能做的，最多就是利用斷層大破裂的頻率，來預測下次可能再發生大地震的時機。根據美國地質調查局的數據，聖安德烈亞斯斷層平均每兩百年，就會出現一次像一九〇六年這類規模的地震。所以你可能不需要特別去參觀這場災難，反而要擔心它是否會找上你。

如何在「鐵達尼號」沉沒時活下來？
RUN——

如果說你想要搭乘一艘具有二十世紀初期優雅風格，讓人耳目一新的遊輪，展開前往遙遠海域的旅程，於是你穿越時空，回到一九一二年四月十日的英國南安普敦（Southampton），在那裡買了一張白星航運公司（White Star Line）前往紐約市的船票，準備參與當時工程技術最先進的新型遊輪的首航。不過你是位節儉的時空旅人，因此你買了三等艙的票——只需要八英鎊！這樣你就可以在F艙有一個鋪位，這裡比最高的頂樓低了六層，大小相當於一間雙人牢房，只不過裡面得住上四個人，而不是兩個。

但誰在乎呢！你只是在裡面睡覺而已，即使是三等艙的乘客，這艘船也為你們提供了世界一流的便利設施，在那個時代的航海旅行，通常得把自己塞進一個通風不良、改裝不當的大型貨艙裡。但是這艘遊輪上，即使臥鋪是多人共用，但還是享有相對的隱私、下層尾樓甲板上也有露天空間，甚至還有三等艙專用的沙龍。

旅行的前幾天很平淡。你會去尾樓甲板逛逛，呼吸新鮮空氣，或是在沙龍裡玩紙牌，然後，也許是無聊到沒事可做，你開始讀船票上印的小字，赫然發現在船公司的大寫粗體字母 WHITE STAR LINE（白星航運）下方印著你搭乘的這艘船的名字：

「鐵達尼號」（R.M.S. Titanic）。

請別慌張，你還有幾天的時間才會遇到那場史上最有名的船難，你得好好善用這些時間，在「鐵達尼號」的內部，你將會面臨到許多令人心生畏懼的障礙（包括後勤補給、歧視和混亂）。但首先，這也可能是最重要的問題：認識環境。身為三等艙的乘客，你不能進入頂層的甲板。現在這可不僅是便利與否的問題，而是攸關生死的；那裡是擺放救生艇的地方。雖然船艙都設有逃生通道，但那些都上鎖了，而且根本沒有標示，你們上船後也沒有做過逃生演習。「鐵達尼號」上大多數的三等艙乘客，根本不知道要如何穿過宛如迷宮般的通道、樓梯間和梯子，去到救生艇那邊。你需要學會找到這條路，不要再去打牌和放風了，你現在需要先認識這艘船的內部結構。研究一下甲板平面圖，爬上樓梯間，在走廊間穿梭，如果你途中碰巧遇到船員，也許可以建議他們開慢點速度，因為「鐵達尼號」就是在紐芬蘭外海的冰山上，以飛快的速度航行。

一九一二年四月十四日的晚上，夜空中看不到月亮，在十一點四十分時，「鐵達尼號」的瞭望員弗雷德里克·弗利特（Frederick Fleet）和雷金納德·李

（Reginald Lee）發現了這塊一百五十萬噸的巨大冰塊，當時它就在船前方僅五百碼的距離。與英國皇家海軍的船隻不同，靠蒸氣運行的「鐵達尼號」並沒有裝置聚光燈，因此，即使這塊巨大的冰山突出水面的部分有三十多公尺高，在黑暗的天空下中仍然不易察覺，等到發現時，已經太遲了。當弗利特第一次掌舵時，這艘重達五萬噸的巨型遊輪正以二十二節的速度在北大西洋海域中疾馳。以這個速度來看，距離撞上冰山的時間只有三十七秒。

在發現冰山後，「鐵達尼號」立即反轉引擎，並且急速左轉，但為時已晚。這一動作只是避免正面的撞擊，在十一點四十一分，「鐵達尼號」的右舷前側還是與冰山擦撞，摩擦了近三百公尺。

睡在F艙甲板的乘客非常接近撞擊處，但即便如此，你們並沒有感受到太大的顛簸，這擦撞甚至有點虎頭蛇尾的感覺，一名就在撞擊處發生地點一、兩公尺處的消防員後來聲稱在碰撞期間他一直都睡得很好。「我睡得不省人事。」他這樣告訴調查人員。其他較淺眠的人對撞擊的描述則是「巨大的振動」、像是「一條大電纜被放開的末端」、「一陣刺耳的撞擊」、「嘎吱作響」，或像是「一籃子煤炭倒在鐵板上」。

由於船身傾斜的角度很小，因此沒有多少乘客在一開始就懷疑出了嚴重的問題，但問題當然很嚴重。你身處於救生艇下方六層的甲板，但現在每秒有七噸海水往較低的貨艙湧入，你需要馬上採取行動。

你的第一個本能反應可能是立即衝出床鋪。不要這麼做。在水淹到你所在的船艙前，你有充足的時間，而你需要善加利用。不要倉皇逃跑，你可以好整以暇地換上你最體面的衣服。穿上燕尾服、裙子，或至少梳理一下頭髮。救生艇是從頭等艙的甲板開始裝載，這意味著在這短暫但關鍵的時間內，不是每個人都上得了救生艇，你得想辦法讓自己受邀參加這場逃生派對。若是你看起來像是頭等艙乘客的一員，這會是很大的加分。最後，在離開鋪位前，穿上鋪位上方擺放的救生衣。

穿衣著裝需要花上幾分鐘的時間，但不用擔心。這艘巨輪沉沒的速度相當緩慢，你足以把它的沉沒過程拍成一部沒完沒了的電影。從撞擊到最終沉沒，歷時超過兩個半小時。除了長時間抵抗冰冷的北大西洋沉重海水之外，更引人注目的是，「鐵達尼號」在這場爭鬥中展現出的從容優雅。從頭到尾這艘船都沒有翻覆，甚至沒有出現過嚴重傾斜的情況，若是傾斜嚴重，會導致船艙內的梯子和樓梯變得難以行走，或是救生艇無法下水。「鐵達尼號」更令人佩服的一點是，即使船內湧入上千噸海水，甲板的傾斜角度也不大，就只有幾度而已。

因此，你不僅有時間打扮自己，而且在你最終到達頂層的甲板時，並不會見到那種在大多數沉船時的混亂場面。情況完全相反，你會發現各種人格特質全都在這時流露出來，一覽無遺，其中包括英勇、怯懦、勇氣、騎士精神、犧牲、祈禱、恐慌，然後還有音樂伴奏。「鐵達尼號」沉沒的時間讓你能夠從最底層的船艙中逃脫，但這也造就了一齣人間戲劇，這也是這次沉船事故流傳後世的一大原因。

船通常不會這麼優雅地滑入大海，尤其是在二十世紀初，而這也是「鐵達尼號」只裝有容納其載客量三分之一救生艇的部分原因。「鐵達尼號」的設計師並不是不會算術，只是他們根本沒有料想到在發生海難時，竟然會有這麼長的時間讓大家都來使用救生艇。大多數船隻，尤其是那個時代的船隻，在沉船時都是一場快速的災難，通常在幾分鐘內就會翻覆、解體或沉沒，再不然就是船身傾斜到乘客幾乎無法行走的地步，更不用說是下水了。船的設計師僅將救生艇視為一種裝飾，當作安全的象徵，甚至連乘客也作如是觀，就像現代飛機旅客看待機上的救生衣一樣。很難想像的一個場景是，在出事時船上的**任何人**

都有充足的時間來使用這些救生艇，更不用說**每個人**了。就十九世紀的沉船事故的慘痛結果來看，建造一艘救生艇就占去三分之一空間的船似乎有點多此一舉，這並不會帶給人多大的逃生希望。

但「鐵達尼號」的建築師低估了他們自己的設計。這艘船即使在沉沒時船身還是相當堅固，沒有七零八落地碎裂開來，為什麼會如此呢？我請教了船舶設計師兼海軍建築師簡・艾里克・瓦爾（Jan-Erik Wahl），他告訴我這主要取決於兩項條件，一是在撞上冰山時造成的損壞，另一點是這艘船用的是當時最先進的防水艙壁（bulkheads）系統[90]，艙壁是橫向穿過船體的防水牆，可防止單一裂縫淹沒整艘船。為了讓乘客和船員能夠在「鐵達尼號」上暢行無阻，艙壁上還裝有防水門，船長可以從駕駛台遠端控制，關閉這些門。在「鐵達尼號」上，船長在撞擊冰山後立即關閉了這些門，但不用擔心，你不會因此而困住。在艙壁沒有天花板，因為這可能會導致船的頂部積水，嚴重破壞船體的穩定。在「鐵達尼號」上，從船底算起，艙壁約有十五公尺高，處於封鎖區的乘客和船

90 原註：艙壁在當時的西方航運中是最先進的工法，但中國船舶設計師至少從五世紀起就開始使用這種工法。

員還是可透過逃生梯爬到上方。

當然，沒有天花板的艙壁系統有一個明顯的弱點：如果進水到一定程度，水的重量還是會將艙壁的頂部拖到水線下，這時整套系統就變得毫無用處。而就「鐵達尼號」艙壁的高度來看，要維持漂浮，只能承受到前四個艙被淹沒，這樣艙壁頂部仍可保持在水面上。不幸的是，冰山一路刮壞船體到第五個艙室。「鐵達尼號」最終淹進的水量高達一萬六千噸，船頭下降了十五六公尺，海水一路淹沒到第六艙壁的頂部，正如後來的調查專員所言，在這時「這艘船的墓誌銘已經寫好了」。[91]

根據這艘船的助理設計師愛德華．威爾丁（Edward Wilding）的說法，要是艙壁有二十公尺高，這艘船可能會倖存下來。但事實上，這也只是再推遲一點沉沒的時間。由於船內外的壓力差幾乎相等，這樣會減緩第五和第六艙壁間的進水速度。在將近二十分鐘的時間裡，原本洪水式的湧入轉為慢速的細流，然後當水淹過艙壁，大水又開始重新湧入。

艙壁系統無法拯救這條船，但可以為你爭取時間，更重要的是，這些設計有助於穩定船體的下沉。在限制水的運動時，會減少造船工程師所謂的「自由表面效應」（free surface effect），即水積在船傾斜的那一側，讓船變得更危險、更不穩。根據威爾丁的說法，要是這艘船的船體沒有用艙壁隔間，而是採取開放式設計，那不僅海水會大舉湧入，加快沉船速度，而且在十五分鐘內就會讓這艘五萬噸級的大船翻覆，根本沒有時間讓救生艇下水。

當然，就是因為這樣緩慢而穩定的沉沒過程，才有機會暴露出「鐵達尼號」上的乘客社會階級間的不平等，同時也彰顯出船員所能採取的那些微不足道的安全措施。許多三等艙的乘客不知道該往哪裡去，於是走向他們所知道的船上唯一的露天部分：後尾甲板。

千萬不要去那裡，你需要直接向上。你可以選擇一條沒有公開的疏散路線來逃生。一共有兩條。

91 原註：這話實際上並非完全正確。當船撞上冰山後，還是有機會能夠搶救，只是這個機會微乎其微而且極度危險，但還是有一線生機的。如果你願意嘗試，下面就是你需要採取的步驟：我們現在知道艙壁幾乎都保持在水線以上，這意味著若是你能阻止大約百分之二十的前艙被淹沒，也許就能拯救這艘船。不用費心去堵住漏洞，威爾丁表示，即使動員全體船員來幫助，也不會成功。最好的辦法是用體積夠大的輕質材料來填充淹水區分，取代大量的水體。在國家地理頻道製作的紀錄片《詹姆斯・卡麥隆：永別「鐵達尼號」》（*Titanic: The Final Word with JamesCameron*）中提出了一個相當冒險的建議：在四十分鐘內收集船上放置的那三千五百件救生衣，把它們全塞進六號鍋爐房。這或許可能保住這艘船。

第一條是位於三等艙主通道外的常閉樓梯間。要找到這個地方，請從F艙甲板的鋪位出發，朝船的後方走去，然後走向你看到的第一段樓梯。爬上樓梯，然後轉入左舷的主要工作通道，這地方被稱為蘇格蘭路（Scotland Road）。在那裡可以找到電梯後面的逃生樓梯（請參閱下面的地圖）。這些門平常都會上鎖，以免下層的乘客爬到上層甲板，不過根據「鐵達尼號」首席麵包師查理・喬夫林（Charles Joughlin）的說法，這些門大概在午夜十二點十五分至十二點半左右的某個時間點會打開。即使是到十二點半，這時離第一艘救生艇下水也還有十分鐘。

要是喬夫林搞錯了，那扇大門仍然鎖著，這時你就得放棄它，另覓其他逃生路線。要獲得一席救生艇上的座位，最好是要早點到達，超過十二點半就沒什麼機會了。

第二條逃生路線是去爬一連串的梯子，從前甲板一直爬到頂部。要找到這些梯子，請沿著蘇格蘭路往前統艙的甲板移動。在這裡的甲板上，你會看到通往好幾層樓層的梯子。一般來說，這些梯子都有門禁和看守，但根據少數在傍晚爬上這些梯子的三等艙倖存者表示，船員只是要求他們不要爬這些梯子而已。

顯然，這些乘客沒有理會他們。你也應該如此。

到達頂層後，你會發現左舷和右舷都有救生艇準備下水。這時就連選哪一側都很重要，你的年齡和性別是主要的考量，「鐵達尼號」的船員會優先讓婦女和兒童上救生艇，不過根據獲救的乘客名單來看，左舷的船員比較嚴格地依循這項條件。

有一次，在左舷負責乘客登艇的軍官哈洛德．洛威（Harold Lowe）甚至曾對空鳴槍示警，並大喊：「要是有任何男人跳上船，我會把他當成像狗一樣射殺。」所以，若你是女性，或年齡在十三歲以下，請直接去找這位洛威軍官。否則，還是去右舷碰碰運氣吧！

要是你能登上第一批下水的其中一艘救生艇——那就太棒了！你得救了。但遺憾的是，即使你提早到達那裡，甚至換上你最好的衣服，也很有可能上不了船。如果你沒有登上第一批船，那麼隨著越來越多的人到達甲板，情況會變得越來越悲觀，你獲救的機會也跟著大幅減少。如果到凌晨一點十五分還沒搭上救生艇，那就鼓起勇氣，回到正在下沉的船的內部。

從生還者的證詞中，我們得知，在凌晨一點剛過時，在將六號救生艇裝載

「鐵達尼號」逃生路徑

在半夜12點半
沒有標示的逃生門會打開，
趕快去那裡！

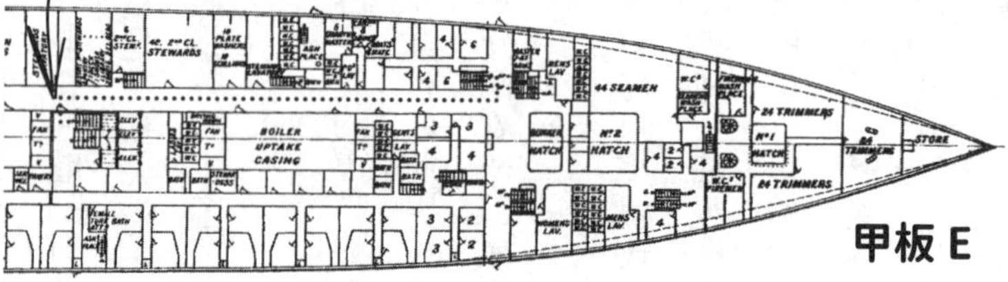

甲板 E

「鐵達尼號」平面圖

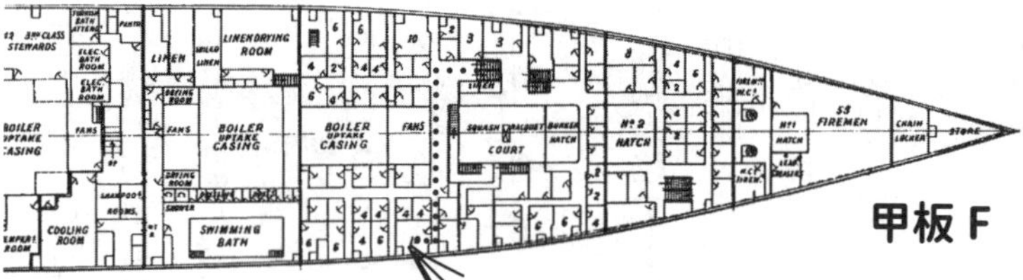

甲板 F

你的位置

到一半容量時，二副查爾斯・萊特羅勒（Charles Lightroller）命令水手長阿爾弗雷德・尼科爾斯（Alfred Nichols）和其他六名人員到甲板下方打開舷梯門[92]。這些門具有雙重用途。在港口時可以讓乘客從碼頭直接進入下層甲板，但在緊急情況時可作為逃生門。在設計上，可以讓統艙乘客無需爬到頂層甲板也可逃入救生艇。這是一個很好的設計，但乘客對此毫不知悉，萊特羅勒軍官也是最後一個看到尼科爾斯或他的手下活著的人。尼科爾斯是否打開過舷梯門仍然是沉船時的一大謎團，但總之並沒有乘客是通過這些門逃生的。

儘管如此，我們還是有很好的理由相信你有機會可以活下去。在以潛水器檢查「鐵達尼號」殘骸時，發現前端的D艙甲板上的門是敞開的。這可能是因為大水湧進，或海洋深處的巨大水壓所造成的，但也有可能是尼科爾斯或他的手下在溺水前設法打開了這些門，之所以沒人使用是因為乘客根本不知道它們的存在。

92 原註：萊特羅勒本人並未登上救生艇，但他游到翻倒的木筏上，直到早上才獲救，在寒冷的海水中倖存下來。大約三十年後，他駕著他的私人帆船橫渡英吉利幫助英國人撤離敦克爾克，將一百二十七名英國士兵擠上他那二十一人座的遊艇。在二〇一七年的電影《敦克爾克大行動》（*Dunkirk*）中，他在撤離行動中的角色由馬克・李朗斯（Mark Rylance）飾演。

尼科爾斯大概是在凌晨一點半到達甲板D時，如果你在那時也到了，可能會發現一扇開著的門和半滿的救生艇。負責駕駛第八號救生艇的船員托馬斯．瓊斯（Thomas Jones）後來在作證時表示，要是他當時在舷梯門處有看到任何乘客，一定會救他們的。「如果他們在下面，我們可以載他們。」他這樣告訴調查委員會。我建議你去那裡。

當然，由於沒有一位乘客是使用這些門逃生，因此這出口究竟能不能用還是得存疑。你去到那裡時有可能根本沒看到尼科爾斯，或是門還是鎖著的。等他幾分鐘，但如果到一點四十五分門還沒開，你就不應該再等了。往回走上去。D艙的甲板很快就會沉到水線以下。

到這個時候，你能搭上救生艇的機會變得微乎其微了[93]。凌晨兩點時，大量湧出的乘客想要搭上所剩不多的救生艇，導致船員不得不搭起手臂，形成一道人牆來阻擋人群。這時你應該是不會有位子了，這表示你得游泳，幸運的是，這並不意味著立即對你宣判死刑。救生艇至少從水中救起五名游泳者，另外兩艘翻倒的救生艇上救起了更多人。只要做好適當的準備，你仍然有機會。

當「鐵達尼號」上的樂隊演奏起最後一首歌曲時（可能是《秋季之歌》

〔*Songe d'Automne*〕或《靠近我的上帝》〔*Nearer, My God, to Thee*〕〔生還者的證詞不一〕），這就是你前往船尾的提示，一路走去船尾，並抓好。此時，前方湧進的水已將船頭拉低，導致船尾高高地浮出水面，並不斷上升，等到整艘船傾斜二十度時，船將裂成兩半，整個前半部沉入海底，船尾則會再度浮起來。

發生這情況時，請利用你的有利位置尋找最近的救生艇。根據倖存者傑克·泰耶（Jack Thayer）的描述，大多數船隻漂浮在三、四百公尺外。挑一艘離你最近的，然後記住它上方星星的位置，一旦你開始游泳，由於救生艇還離你很遠，而你又在水裡，所以根本看不到船，因此你需要一些導航的方法。在潛入水中前，脫掉華麗的衣服，拉緊你的救生衣，如果你有保暖的帽子，記得戴起來。

落水時，你可能會擔心下沉的船會產生一個吸力漩渦，將你吸到海底深處——但根據倖存者的說法，並沒有發生這樣的事情。在船上一直待到最後一刻的喬夫林後來聲稱，他連髮型都沒亂掉。

93 原註：這艘船上還有四具折疊式救生筏。C艇於一點四十分離開，四十七個座位中坐了四十四個。D艇於兩點五分離開，四十七個座位中坐了二十五人。船員並未將A艇和B艇下水，但在「鐵達尼號」沉沒時，它們確實漂浮在海面上。

儘管如此，你在水中的最初時刻是最危險的。當時的水溫為負一點七八度，大約與地球上任何自然存在的冰水一樣冷。當你入水時，身體會出現冷休克反應，導致你喘氣，即使你的頭在水下也是一樣。這時的吸氣是無法控制的，就像你的膝反射一樣，所以請效法喬夫林的入水方式，這很重要。請將頭保持在水面上。請不要用天鵝式潛水或跳水，而是滑進去。冰凍的溫度也可能導致你過度換氣，這時請保持冷靜，放慢呼吸，讓救生衣幫助你保持漂浮，這種休克感應該會在六十秒內消失。然後趕緊找一下你剛剛記住的星星，開始游泳。

以固定速度游泳你可以維持十到十五分鐘，但要很努力。你產生的熱量越多，你活的時間就越長。身處這種冰水中，在四十五分鐘後，你的體溫就會降至二十六點七度以下，這時你的心臟會驟然停止。但實際上，你的時間遠遠少於此。你的腳趾和手指尖開始抖動麻木，這感覺會迅速蔓延，在短短幾分鐘後，隨著血液回流到身體的重要器官，你的手腳開始麻木，然後是你的整個四肢。十五分鐘後，你的手臂和腿就麻木到無法活動。這時，如果沒有救生衣，你就會淹死。但你穿了一件，所以你不會，但這只是在延長不可避免的結局。沒有人會來救你，你需要在十五分鐘內游完四、五百公尺，才能在手臂和腿還能動時游到船邊，否則你只能穿著救生衣，在水面上無助地搖擺，等待心臟驟停時刻的降臨。

話雖如此，要在十五分鐘內游個四、五百公尺是有可能的。在國際冰泳錦標賽中，頂尖的選手通常在不到七分鐘的時間內就游完這個距離。如果你保持專注又沒有迷失方向，或是不幸被東西纏繞或勾到，應該是會成功的。

救生艇應該有足夠的空位，因為幾乎所有的船上都還有大量座位。但從水裡爬出來時千萬要小心，你的動脈血壓這時可能會下降，這相當危險，特別是當你被救上船後站立或用力時，至少有一名「鐵達尼號」的落水者在被救生艇從水中拉出後死於心臟病。盡量想辦法保暖，等待凌晨四點趕來救援的「卡帕西亞號」，登上這艘船後，你就可以平安地完成前往紐約市的旅程。

抵達後，可以去拜訪「鐵達尼號」的船主摩根（J. P. Morgan）先生。他就住在麥迪遜大道兩百一十九號。

去把你的八鎊船票錢要回來。

如何安然度過
美國史上
最可怕的
龍捲風？
RUN——

若是說你想去參觀一個典型的美國鐵路小鎮，也許因為你是個鐵道迷，或是你喜愛火車旅行，再不然就是列車長每次提起都略帶輕蔑語氣的「口水人」（foamer）——因為他們覺得我們這些火車迷只要看到火車就會流口水。你想看看鐵路還是美國運輸動脈時的樣貌，還有那些身穿條紋工作服的鐵路員工，他們可是當時推動美國商業的一股動力。

所以，你決定回到一九二五年三月十八日伊利諾州的戈勒姆（Gorham），前去參觀這個鐵路小鎮的火車站。當時這裡是美國非常繁忙的一個站點，你會看到數十台蒸汽機駛過，還會看到滿身煙灰的鐵路員工將煤炭鏟入鍋爐的畫面。當天下午兩點半，你會看到一股黑霧從西南方快速逼近。

起初，你可能並不特別擔心。這陣黑煙就像霧一樣，沒有特定的形狀，也沒有龍捲風那種明確的漏斗形狀，沒有從黑暗的砧狀雲[94]中捲曲向下的態勢。晴朗的天空中也沒見到鞭子般的漩渦，這團黑色物質只是融入了上方高聳的雲層，就好像雲層本身往下垂到地面一樣。

但當你注意到這陣霧氣並不像傳統水霧的變動，你最初的好奇心可能很快就會被擔憂取代。隨著時間過去，你會注意到它並不是在水面上爬行，也沒有在地平線上凝結。它比較像一輛換到高速檔的貨車，向你猛衝而來。

然後你會聽到它的聲音。一開始是低沉的嗡嗡作響，但很快就變成震耳欲聾的尖叫聲，事後有位目擊者形容這好比「海上女妖的口哨聲，宛如一首死亡之歌」。

你看到的這片「霧」其實是一場大雨，隱藏在它背後的是美國史上最大的龍捲風。

報紙後來將其稱為「三州龍捲風」（Tri-State Tornado），它根本是一個氣象學中的怪胎，從來沒有一個龍捲風的風力這樣猛烈，不僅移動速度比一般的快，而且持續時間也較長。通常龍捲風出現的平均時間不到十分鐘，但三州龍捲風持續了三個半小時，其平均旋轉速度為每秒二十六公尺（59 mph），而且行經路徑橫跨三個州，總計三百五十二公里。一般龍捲風的平均移動速度為每秒十三點四公尺（30 mph），但三州龍捲風穿過密西西比河，進入戈勒姆時，移動速度達到了驚人的每秒三十二點六公尺（73 mph）——打破美國氣象史上

94 編註：anvil cloud，是雷雨雲的頂部冰晶結構，通常為單體狀，呈馬鬃狀，極像打鐵的鐵砧而得名，雷雨過後多見。

龍捲風的速度紀錄。

氣象學家是以「改良型藤田級數」（Enhanced Fujita scale，簡稱ＥＦ）來對龍捲風強度進行分類，最大的ＥＦ五級表示持續風速至少達到每秒八十九點四公尺（200 mph）。在過去只有不到百分之一的龍捲風曾經達到這個等級，但三州的威力根本破表，把其他龍捲風都比下去。三州龍捲風的最大瞬間風速可超過每秒一百三十四公尺（300 mph），即使拿去跟全球最為罕見的天氣災難事件相比，其威力也毫不遜色。龍捲風來襲時會直接掀起人行道，拉開鐵軌，把一百噸重的機車拋擲出去，還會將拖拉機捲進房屋裡，它所經之處無一倖免，行徑上的每一棟建築物幾乎都被弄個粉碎。在密蘇里州南部、伊利諾州和印第安納州造成了一道一兩公里寬的狹長裂縫，最後還造成至少六百九十五人死亡，災情遠遠超過美國史上第二嚴重的龍捲風，光是死亡人數就高出兩倍。

三州龍捲風創下所有重要紀錄，要是那些扭曲旋轉的雲層在天上有知，應該都希望能達到這樣的境界。在龍捲風界，它好比美國賽馬史上國寶級的「秘書長」（Secretariat）這匹傳奇賽馬，而整個伊利諾州西南部就是它得到最佳成績的賽場。要是年輕的雲會在牆上掛海報，一定會選三州龍捲風在橫渡密西西比河時火力全開的鏡頭。在大氣異常活動的紀錄中，可能沒有一個場面比這團放聲嚎叫的黑霧更駭人了，在那個三月天下午的兩點半，從戈勒姆火車站的窗戶往外看去，就能見到這樣的奇觀。

三州龍捲風結合了惡魔般的速度、持續時間和威力，是一種氣象學上的異常，甚至在近一個世紀後都還引人遐思，美國國家強風實驗室（National Severe Storms Laboratory）的前主任羅伯特·馬多克斯（Robert Maddox）就曾領導過一組龍捲風專家，試圖探討何以天空中會出現這樣的怪異現象。馬多克斯表示，這場龍捲風就跟所有的天氣系統一樣，都是從氣壓下降開始。

龍捲風是一系列不尋常事件累積在一起，所導致的最終結果，當中牽涉到非常多的變數，因此許多氣象學家都對龍捲風預報持懷疑態度，不認為我們能準確預測它的形成。不過，從本質上來講，它們就是不同溫度和濕度的氣團碰撞時所發生的大氣扭曲行為，只是最後這會產生一種難以預測的爆炸性結果。

全球各地每天都會發生這類碰撞，只是規模較小，但是世界上有超過四分之三的龍捲風發生在北美洲的中西部，因為從墨西哥到加拿大的這片土地平坦綿長，提供了一處暢通無阻的獨特大氣通道。因此，在中西部這裡的碰撞可以擴及到整個大陸的上空。每年春天，冬季噴射氣流（jet stream）的力道仍然強勁，足以形成強大的低壓真空，若是恰好遇到墨西哥上空溫暖、但加拿大上空寒冷這樣南北溫差很大的狀況時，中西部大氣層的氣流活動就會變得十分旺盛，好比是在空中舉辦一場撞車大賽（demolition derby）。由於低壓會吸入空氣，這現象在發展時就像狂歡節的開幕式一樣。

在一九二五年三月十六日晚間七點，也就是你抵達伊利諾州的前兩天，蒙大拿州海倫娜（Helena）的上空從西邊吹來一陣噴射氣流，但這股向東的氣流倏地又轉向洛磯山脈的背風處。這種突然的向南擺動在蒙大拿州西部上空造成了一股大氣真空（atmospheric vacuum），這也稱為低壓槽（low pressure trough）。這樣的真空狀態會像吸塵器一樣吸入周遭空氣，因此同時吸進了墨西哥沙漠上方炎熱而乾燥的氣團、灣區涼爽潮濕的空氣，以及加拿大南部苔原上空的寒冷空氣。這三股空氣勢力會向低壓中心移動，但這個中心並不像箭靶那樣靜止不動，而是會沿著噴射氣流移動，就像一條被甩動的繩子那樣，不斷波動，所以在低壓形成十八小時後，它早已離開海倫娜上空，往西南方向移動了近兩千四百多公里。到了三月十七日早上，墨西哥的沙漠空氣在密蘇里州斯普林菲爾德上空，和濕熱的灣區空氣終於碰頭，影響到當地的天氣。

當炎熱乾燥的沙漠空氣與來自墨西哥灣區的涼爽濕氣碰撞時，這兩股氣團不會混合在一起，而是發生猛烈撞擊，就像足球比賽中相互爭球和較勁的球員。風、溫度和濕度可能會倏地變化，街上行人在過個馬路後也許就立刻感覺到天氣的變化。這條垂直的撞擊線稱為「乾線」（dry line），是從地面開始一路上升到數萬尺的高空，但這條線在上升過程中，並不會一直保持垂直於地面的狀況，風向變化會將墨西哥沙漠的乾熱空氣，推向灣區的涼爽潮濕空氣，這樣的冷熱氣團位置配置稱為「蓋狀結構」（cap），可說是一種大氣構成的管狀炸彈。

通常來說，熱空氣位於冷空氣下方，但在這樣碰撞的扭曲堆積中，空氣的溫度反而隨著高度升高而變暖，這產生的結果可能是爆炸性的。當上方空氣變暖，被地球輻射加熱的地面空氣無法上升，只能靜止地停滯在那裡，使得溫度不斷上升，蓋狀結構下方的壓力就像一個沒有壺嘴的水壺在那裡不斷沸騰。這種情況被專門研究這類天候的追風者戲稱為「上膛的槍」（loaded gun），不過要讓這把槍發射，還是需要扣下扳機，所以勢必有什麼東西打開了灣區空氣上方那層薄而發熱的蓋子。若最後形成的是強大的暴風雨，那扣下扳機的就是風。

到了三月十八日的午餐時間，來自加拿大的冷空氣和南風也抵達，並與灣區的北風相撞。這就像是兩輛高速行駛的老爺車一樣，兩股相對而來的風迎面撞上，在碰撞中相互衝擊並往上推升，推動潮濕的灣區空氣衝出上方的蓋子。這團溫暖潮濕的空氣最後以超過每小時一百一十三公里或每秒三十一點三公尺（70 mph）的速度快速上升，進入高層大氣較冷的空氣中。

上升到一萬八千三百公尺的高度時，這股上升氣流失去了熱量，當中的水氣形成雲雨，並在這樣的化學轉變過程中失去更多熱量。現在，這團空氣變得過冷且稠密，因此急速下降，撞擊到地面，並以相當大的力量向外噴射，造成龍捲風般的破壞。

雲中的風開始互相旋轉纏繞，就像河流中方向相反的水流扭曲成的漩渦一樣，最後形成的一團構造好似雷雨雲般的旋轉碟子，還會發出怪異的綠松石色光芒（這是因為陽光穿透雨水和冰所產生的），這構造又稱為超大胞（supercell）。

多數的超大胞並不會形成龍捲風，只是會帶來棒球大小的冰雹、閃電、雷聲、暴雨和強風，它們會猛烈地扭轉，但鮮少會將這種旋轉帶到地面上。如果超大胞的上升氣流夠強，就可以將在地平面上的渦旋抬升，並拉到雲中，而這個過程會大幅增加風的轉度，就跟滑冰者在旋轉時收起手臂會加速是一樣的道理。在幾秒鐘內，上升氣流會收緊成一個大型的迴旋型旋轉，這足以將房屋的紗門扭曲變形，宛如一根充滿怒氣的管子中，將房屋直接從地基上拔起。

一九二五年三月十八日下午的一點零一分，在密蘇里州艾靈頓郊外五、六公里處，這個三州超大胞的風超過了這個上限。

目擊者聲稱，這個龍捲風在開始時很狹窄，也很長，是經典的龍捲風造型，很容易辨識出來，但在幾分鐘之內，原本小型的龍捲風迅速增長，直徑快要達到兩公里。不久之後，四十九歲的農民山繆．弗勞爾斯（Samuel Flowers）成了第一個受害者，他當時在密蘇里州艾靈頓郊外，想要騎馬逃跑，但卻被龍捲風追上。

坐在伊利諾州戈勒姆火車站的你，此時距離弗勞爾斯先生大約有近一百公里。在通常的情況下，這應該會讓你感到輕鬆，不用擔心自己會受到龍捲風的襲擊。一般說來，形成龍捲風所需的凝聚力不會維持很久，頂多只能讓它行進幾公里，按理說在龍捲風到達戈勒姆之前很久，就會耗盡當中的壓縮空氣或遠離最初產生龍捲風的氣團碰撞區。

三州龍捲風的路徑

1925 年 3 月 18 日凌晨

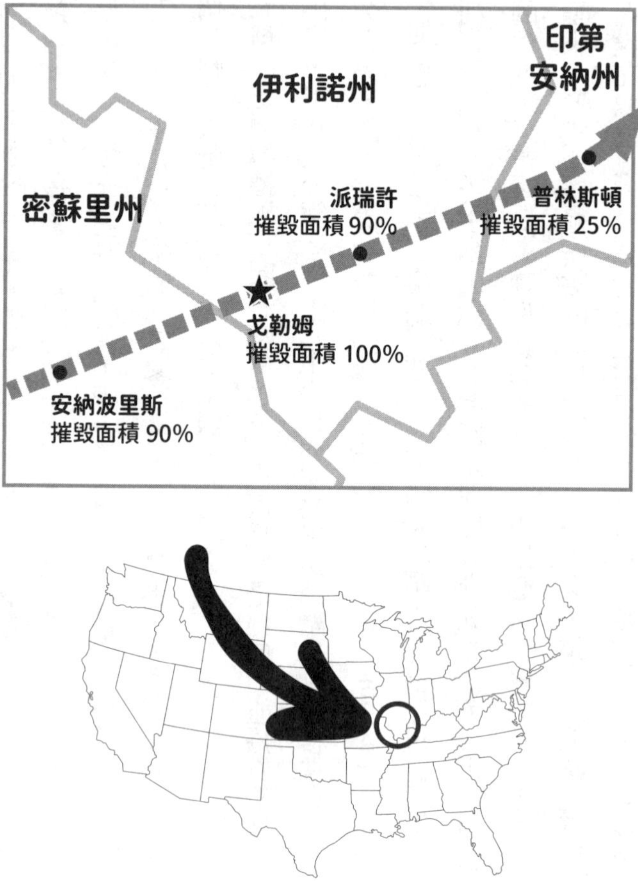

但這次不一樣。坐在戈勒姆火車站內的你不僅位於龍捲風的行徑範圍內，恐怕還會遭受龍捲風最猛烈的攻擊。

三州龍捲風何以會出現這樣前所未有的持續力？若是從氣象學來解釋，這跟當天早上的一場暴風雨有關，不過這場大雨跟龍捲風本身倒是毫不相干。降雨造成伊利諾州南部的空氣變冷，因此在局部地區的小範圍內形成很大的溫差。由於龍捲風會同時吸收暖空氣和冷空氣，這場雨在中西部形成了一條狹窄的路徑，非常適合讓龍捲風行進。於是在這樣天時地利的情況下，出現了前所未有的奇觀，凝聚力、超大胞、乾線和低壓系統，全都同時沿著這條狹窄路徑筆直移動，就像蒙著眼睛的摩托車手在一條鋼索上衝刺。

一九二〇年代，中西部地區還沒有龍捲風預警系統。這有部分是故意為之，因為在那個時候的龍捲風預報除了引起民眾恐慌外，基本上不會產生任何好處。甚至，氣象局還禁止預報員說出任何讓人聯想到龍捲風的相關字眼，要是你去看報紙，想要了解當天的天氣，你只會在天氣預報中看到「下雨和強風」——這是一九二〇年代的委婉氣象用詞，意思是當天的天氣有可能會吹倒你家的房子，但也可能是個適合放風箏的日子。

所以，一直要到下午兩點半左右，當你在火車站看到遠方有團呼嘯而來的黑雲，以每秒約三十公尺（70 mph）的速度穿過密西西比河時，才會看到自己恐怕要陷入險境的第一個跡象。

當你意識到這場恐怖風暴正向你襲來時，可能會想轉身逃跑，遠離它的路徑。這是一個錯誤。不過若你真想嘗試，請記住下面幾個要點。

首先，向正確的方向跑去。這聽起來像是愚蠢的廢話，不過這確實沒你想像的那麼簡單。

本能可能會驅使你向龍捲風襲來的相反方向跑走。這是個錯誤。龍捲風就像高速行駛的火車，前進速度飛快，嘗試逃離它，就像沿著鐵軌跑離火車一樣。走上這條路，最多只能將死亡時間延遲個幾秒鐘。

比較好的做法是要選垂直它路徑的方向。在這個例子中，就像大多數遇到龍捲風的例子（但不是全部！），你需要向北或向南跑。與大多數龍捲風一樣，三州龍捲風沿著噴射氣流的路徑向東北東移動。在理想條件下，要離開龍捲風的路徑相當簡單，即使是相對較大的三州龍捲風，其直徑也只有一、兩公里寬，由於它正朝著你前進，所以你只要移動個七、八百公尺，就可以避開其行進路徑。前提是你得是一個出色跑者而且天候狀況良好，因為你得在五分鐘之內跑完這整段距離。不幸的是，當天的天候條件非常差，這時不僅有大雨，還有棒球大小的冰雹。但真正的麻煩是迎面而來的風，你得逆風而行。

當龍捲風前進時，就像一個超級真空機，會將周遭空氣吸入，變成一股上升氣流，因此在其行經路徑的前方會產生可怕的逆風。南北鋒面的碰撞又讓整個局面變得更加複雜，這些來自南北方的風都會吹進龍捲風內，成為進入流，而你相當於是在噴氣機排氣口水平逆風的鉗形運動中。在這種狀況下，對像你這種靠兩條腿行走的雙足動物來說，跑步變得非常困難。

人類的胸膛寬闊，基本上不適合在風中移動。演化已經將我們的身體微調成近乎完美的鐘擺，我們的身體重心與臀部對齊，這樣就可以輕輕地踏步、落地，並以非常有效的方式重複這個過程——也就是行走。但逆風而行讓這一切都派不上用場，這時我們寬闊、平坦略呈長方形的胸部相當於是一張帆。要在速度每秒約三十公尺（70 mph）的風中前進，需要將身體向前傾斜十五度才能直立。而若是要逆著風跑，就相當於是衝上二十五度的斜坡。一般的狗、鹿和大多數善於行走的動物都能夠順利破風，因為牠們具有一副光滑、符合空氣動力學的身體，但是身為人類的你，最終可能會掛在路燈上，咒罵你那好似風帆的胸膛。

你也可以試著開車離開，但同樣地，風可能會阻礙你的逃跑。一九二五年，美國最普遍的一款汽車是具有二十匹馬力的福特T型車，根據這款汽車的使用手冊，T型車的最高時速可以達到七十二公里（45 mph）。這看來相當有希望，但還是有個問題，這台車的空氣動力學性能非常差，美國汽車愛好者雜誌《公路與軌跡》（*Road & Track*）將其比喻為一扇穀倉門，而這在時速一百六十一公里的逆風中，就構成一大問題。再加上這款車的引擎效率低落，又有低速時馬力減弱的傳動裝置缺陷，根據我的計算，你這台車在這狀況下僅比跑者勉強好一點[95]。更糟的是，這台T型車的車廂可能是工程史上最爛的龍捲風掩護體。你可能被困在一台沒有任何安全裝置的車子內，沒有安全帶、沒有氣囊，只有一大片玻璃窗，而且就其空氣動力學特性來看，在強風中可能會轉變成一扇風箏。實際上在附近的伊利諾州的墨菲斯伯勒市，就有一輛T型車被三州龍捲風吹過一棟建築物。不要待在那輛車裡，最好不要躲進任何汽車，甚或嘗試開車逃跑。一動不如一靜，你需要躲起來。

我請教馬多克斯，在躲避三州龍捲風時，到底是跑步比較安全，還是開車，他兩者都不建議。「尋求藏身處會是更明智的選項。」他說。他建議你不要跑步或開車，而是利用有限的時間盡可能躲在牆壁後面，然後等待這個史上最強大的龍捲風到來。

但這並不意味著你應該留在原地。有些建築物會比其他的來得安全，而火車站的建築特性在抵禦強風上剛好特別差。龍捲風會將停在鐵軌上的十幾輛棚車捲起來，其中有些會被拋進火車站。整個站體，除了地基之外，木造結構全毀，什麼都沒有留下。你也許無法逃離龍捲風，但你至少得離開那裡。

不幸的是，戈勒姆沒有一棟建築在這場龍捲風中完好無損。由於整個城鎮都落在暴風範圍內，它成了史上少數幾個遭到龍捲風百分之百破壞的一座城鎮。所以你也沒有什麼好的選擇，但還是可避開特別糟糕的。在龍捲風中還存在有強風速的微型漩渦，這些龍捲風內部的小龍捲風會造成災難性的破壞。這些微型漩渦解釋了為什麼有的房子從地基上整個被捲走，但在旁邊的卻只是失去了

95 原註：我懷疑在這情況下估計能達到十六、七公里的時速可能都有點太樂觀了。如果將風的上升推力所造成的牽引力減少（T型車沒有擾流板）考慮進來，再加上引擎的傳動裝置不允許在如此低的速度下產生峰值功率，我想你開這台車時可能會發現自己的速度與外面跑步的人一樣。

屋頂。在戈勒姆，三州龍捲風似乎將力道集中在大街上，那裡的氣漩摧毀了兩層樓的銀行，鎮上的大型學校，數噸重的火車車廂以及火車站。

不要逃避龍捲風，而是把握這三分鐘的時間向西南偏南的方向跑，奔向即將來臨的龍捲風。這似乎是一個危險的選擇，但公園街就在你西南方兩個街區外，這條街上的一些房屋似乎逃過一劫，損壞程度遠小於主街上的房屋。

當你到達公園街時，可能已經遇上大雨，若是這時你抬起頭，或許會看到暴風雨的中心。你可能會看到一個巨大的黑色錐體從更大的黑色砧雲中下降，在約莫民航機飛行高度處旋轉並上升。這個龍捲風的扭曲下降場面，可能不會跟一般拍攝到的傳統造型類似，它不會有清楚明顯像鞭子的形狀。由於半徑太寬，力道又強，因此龍捲風吸收了非常多的碎片，所以，最後看起來好像只是雲本身下垂到了地面。發展到這種狀態只會增加它的危險程度，這模糊了風的旋轉速度和位置，讓人更難以辨別龍捲風的真實輪廓。

但這時的你不應該花時間觀察這場龍捲風，而是要衝去公園街，並且仔細看一下那邊的郵箱。根據幾天後《獨立報》（*The Daily Independent*）的一篇報導，戈勒姆只有少數房屋沒有被龍捲風完全摧毀，其中一棟的主人是史皮爾曼（TL

Spillman）先生。據這份報紙的報導，在狂風暴雨過去後，他的房子甚至成了傷者的收容所。所以這棟房子應該沒事，只是千萬不要和他的鄰居待在一起，同一篇文章指出左鄰右舍都被夷為平地。

進去這間屋子後，去廚房裡找出最堅固、最大的鍋子——你很快就會用得上。然後去這間屋子裡最低、最小的房間，把自己塞進去。在沒有真正的防風設施的情況下，壁櫥、樓梯下的房間或浴缸，都算是抵禦龍捲風不錯的選擇處所。地下室或實際的地下避難所當然更理想，不過中西部鄉鎮主要是在這場三州龍捲風之後才開始建造這類避難所，而不是在之前。因此，去找一處環繞有堅固牆壁的小房間非常重要，這可以保護你免受冰雹碎片的傷害。等你找到安全的地方躲好後，就把之前拿的大鍋戴在頭上，將它當作頭盔。

小房間和燉鍋都是好選項，因為龍捲風的主要危險不是來自強風本身，而是強風夾帶的東西。這場席捲三州的暴風雨捲起了汽車、拖拉機和火車，甚至在一處還發現有一塊十六吋的木板被風插到一棵樹中。當龍捲風經過你身邊時，空氣中會充滿數以千計的碎片、釘子、兩輪驅動車和火車車廂，你若能在自己和數以百萬計的拋射物間隔一道實心牆、浴缸或燉鍋，應該就會造成很大的差異。最理想的情況，是在這一片混亂到達時，躲在地下。但目前的你就不用痴心妄想了，只能退而求其次地選擇史皮爾曼家裡的鐵鍋和壁櫥。在屋裡躲好，等待風的怒吼逐漸增強，變成嚎叫的尖叫聲，也許時不時還會聽到棚車、拖拉機、汽車的撞擊聲和房子破碎的聲響。這時如果你抬頭看，或許能看到龍捲風的錐體，裡面的閃光會照亮了黑暗的龍捲風，勾勒出當中房屋、鐵軌、釘子、拖拉機、汽車和整棵樹的輪廓，所有這些都在內部旋轉，或是被呼嘯的漩渦甩出去。

幸運的是，這樣恐怖的時刻很快就過去了，這場龍捲風是以時速一百一十三公里來移動，不到一分鐘就席捲了戈勒姆。超大胞迅速地向西北方向移動，將這座小鎮夷為平地，然後穿過伊利諾州南部的其他地區，直達印第安納州。

戈勒姆的五百名居民中，有超過一半受傷，至少有三十四人死亡。在整個美國漫長的龍捲風歷史中，災情最慘的一次可能就是發生在一九二五年三月十八日下午兩點三十五分的伊利諾州的戈勒姆。這可能是看蒸汽火車最危險的地方，但也是歷史上少數能夠看到一百噸重的機器飛天的時機和地點。

致謝

要是沒有一群令人驚嘆又充滿創意和才華的人慷慨相助，這本書是絕不可能問世的，他們以無盡的耐心提供我指導、想法、研究和時間。礙於篇幅限制，我無法在此列出完整名單，詳列本書所有的貢獻者，不過其中一些人發揮了極為關鍵的作用，因此我要在此特別感謝。

首先要感謝我的父親，他一直是我的第一位讀者。感謝伊莎貝拉・吉比利安（Isabella Jibilian）堅持不懈的研究和無限的熱情。感謝莎拉・法倫（Sarah Fallon），她的早期想法對本書的發展方向影響甚巨。感謝凱文・普洛特納（Kevin Plottner），將我混亂的圖像轉變成極為清晰的插圖。感謝阿莉亞・哈比卜（Alia Habib）的高明指導和不懈支持。感謝安妮卡・卡洛迪（Annika Karody）和整個企鵝出版團隊的明智編輯、傑出設計，並且完成將這本書推出的無數任務。感謝我的編輯梅格・萊德（Meg Leder）在每個階段提供出色的協助。

國家圖書館出版品預行編目資料

如何在歷史中存活：如何跑得比暴龍快、逃離龐貝城、離開鐵達尼號，並在歷史上最致命的各種災難中活下來？／柯迪．卡西迪 著；王惟芬 譯. --初版.--臺北市：平安文化, 2024.12 面；公分. --(平安叢書；第822種)(我在；01)
譯自：How to Survive History: How to Outrun a Tyrannosaurus, Escape Pompeii, Get Off the Titanic, and Survive the Rest of History's Deadliest Catastrophes
ISBN 978-626-7397-92-3 (平裝)

1.CST: 災難 2.CST: 災難救助 3.CST: 問題集

575.87022 113017213

平安叢書第0822種

我在 01

如何在歷史中存活

如何跑得比暴龍快、逃離龐貝城、離開鐵達尼號，並在歷史上最致命的各種災難中活下來？

How to Survive History: How to Outrun a Tyrannosaurus, Escape Pompeii, Get Off the Titanic, and Survive the Rest of History's Deadliest Catastrophes

作　　者—柯迪．卡西迪
譯　　者—王惟芬
發 行 人—平　雲
出版發行—平安文化有限公司
台北市敦化北路120巷50號
電話◎02-27168888
郵撥帳號◎18420815號
皇冠出版社(香港)有限公司
香港銅鑼灣道180號百樂商業中心
19樓1903室
電話◎2529-1778　傳真◎2527-0904
總 編 輯—許婷婷
執行主編—平　靜
責任編輯—蔡維鋼
行銷企劃—薛晴方
美術設計—Dinner Illustration、李偉涵
著作完成日期—2023年
初版一刷日期—2024年12月

法律顧問—王惠光律師

讀者服務傳真專線◎02-27150507
電腦編號◎597001
ISBN◎978-626-7397-92-3
Printed in Taiwan
本書定價◎新台幣450元/港幣150元